DOMINIK BARTA
VOM LAND

Roman

Paul Zsolnay Verlag

Mit freundlicher Unterstützung der Kulturabteilung
der Stadt Wien, Literatur, und des Landes Oberösterreich.

3. Auflage 2020
ISBN 978-3-552-05987-0
© 2020 Paul Zsolnay Verlag Ges.m.b.H., Wien
Satz: Nele Steinborn, Wien
Autorenfoto: © Olivia Wimmer/Paul Zsolnay Verlag
Umschlag: Anzinger und Rasp, München
Motiv: © plainpicture/Jerome Paressant
Druck und Bindung: GGP Media GmbH, Pößneck
Printed in Germany

MIX
Papier aus verantwor-
tungsvollen Quellen
FSC® C014496

VOM LAND

I

Theresa rang nach Luft. Es ging nicht mehr. Sie richtete sich auf und zog das Tuch vom Kopf. Die Stirn glänzte. Eine Strähne blieb an der Haut kleben. Sie hantelte sich am Holz entlang nach draußen, wo alles im Dunkeln lag. Nur ganz im Westen hielt sich ein heller Streifen. Theresa überquerte den matschigen Rasen. Den Rücken gekrümmt, presste sie die Hände gegen die Brust. Ehe sie die Waschküche erreichte, erbrach sie sich auf einen Wacholderstrauch. Spucke und Schleim verließen ihre Mundhöhle. Der Körper faltete sich immer weiter zusammen. Dem Bewegungsmelder blieb kein Zucken verborgen. Das dampfende Gesicht wurde von vier Seiten elektrisch ausgeleuchtet. Ohne sich aufzurichten oder die verkrampfte Körperhaltung aufzugeben, griff sie nach der Türschnalle. Mit Mühe zog sie die Füße aus den Gummistiefeln. Sie öffnete die Tür und sackte auf den Sessel nieder.

Nach einem Moment des Atemfindens streifte Theresa den Anzug vom Körper. Sie schälte sich aus dem Blaugewand und stieg aus den Hosenbeinen. Sie knöpfte das zerschlissene Hemd auf und ließ es auf den Sessel fallen. Schweiß sammelte sich in kleinen Tropfen über dem Brustbein. Die dunklen Vorhöfe der Brustwarzen leuchteten aus dem weißen BH. Mit zittrigen Beinen wusch sie sich am Waschbecken Hände, Arme und Gesicht. Der Geruch der Seife und das warme Wasser milderten den scharfen Geruch, der an der Stallkleidung und an den unbedeckt gebliebenen Körperpartien haftete. Theresa gelang es nicht, sich aufzurichten. Ihr körperliches Zentrum schien einem aufrechten Gang mit Kraft entgegenzuwirken. Sie hielt sich mit beiden Händen am Waschbecken fest. Nach einer Minute des Wartens stieß sie sich ab und griff nach ihrer Alltagskleidung.

Das Geschrei der Tiere wurde laut. Die Stalltür rollte mit Schwung in die Verankerung. In den Hof fiel Licht. Theresa griff nach dem Hemd. Sie hörte die Schritte ihres Mannes.

Bevor sie die Bluse bis zum Brustbereich zugeknöpft hatte, stand Erwin in der Waschküche: »Was ist mit dir? Hast du dich wieder übergeben?« Er hatte sich nicht die Mühe gemacht, die Gummistiefel auszuziehen. Er trug Stroh, Dung und Erdreich herein. Auf den weißen Fliesen zeichnete sich das Muster seiner Sohlen ab.

»Ja!«, sagte Theresa und bemühte sich, im Stehen in die Jeans zu schlüpfen. Ihr schwindelte. Erwin trat auf sie zu. Sie griff nach seinem Oberarm, um sich abzustützen.

Erwin hob ihre Arbeitshose vom Boden auf. »So kann es nicht weitergehen ...«

Theresa legte sich die Handflächen auf den Bauch. Erwin ging in den Stall zurück.

In der Küche wusch sich Theresa ein zweites Mal die Hände. Die kurze Berührung von Erwins Mantel hatte gereicht, um den Stallgeruch erneut auf ihre Haut zu übertragen. Sie gurgelte lauwarmes Wasser und spülte den bitteren Geschmack aus dem Mund. Der Durst ließ sich nicht mehr ignorieren. Doch im Inneren des Bauches lauerte die Übelkeit und bestrafte jede Veränderung. Vier, fünf Schluck Wasser, schon stieg Galle zum Gaumenzäpfchen hoch. Sie holte

Luft und wartete. Der akute Brechreiz legte sich. Theresa ging gebeugt ins Wohnzimmer. Im Kamin glühten Buchenscheiter. Noch bevor er in den Stall gegangen war, hatte Erwin nachgelegt. Theresa kroch auf das Sofa und drehte ihren Bauch der Kaminwand zu. Sie zog die Knie zu den Ellbogen hoch und gab sich der Erschöpfung hin.

Das Dorf lag in einem Tal, das die Pielitz in Millionen von Jahren durch die Hügel gefräst hatte. Am Südhang gediehen Äpfel, Birnen, Nüsse und Zwetschken. Am Nordhang stand Wald. Kleine Bächlein speisten Teiche und Fischzuchten. Weizen, Gerste und Mais wurden beiderseits des Tals auf überschaubaren Flächen angebaut. Wo die erste, steinerne Brücke über die Pielitz führte, gab es eine Kirche und ein Gemeindeamt. Neben dem Gemeindeamt stand ein alter Speicher, dessen Fundamente angeblich über einem römischen Keller errichtet worden waren. Der Speicher beherbergte ein Heimatmuseum, das von Schulklassen aus der Umgebung gerne besucht wurde. Lange Zeit gab es auch einen Bäcker, bis vor wenigen Jahren ein Supermarkt eröffnete. Die Dorfstraße war im Laufe der Jahrzehnte ständig verbreitert worden. Das höchste Gebäude war der betonierte Turm des Lagerhauses.

Obwohl die Einwohnerzahl in den letzten dreißig Jahren kaum gestiegen war, hatte sich das Siedlungsgebiet weit über die Talrücken ausgedehnt. Auf der Südseite prangten etliche Einfamilienhäuser mit ausladenden Gauben, Balkonen und Erkern. Jedes einzelne hätte einer Vielzahl von Personen Platz geboten. Meist lebten darin kleine Familien, mit einem oder zwei Kindern und einem Hund. In den Gärten gab es kompliziert bewässerte Biotope, blau bemalte Swimmingpools und aus Fichten- oder Kiefernholz gefertigte Carports. Unter den Carports parkten SUVs, Zweitautos, Rasenmäher und Motorräder.

An der Nordseite lagen bis zum Grat hinauf, wo sich der Hügel zur Nachbargemeinde hinabsenkte, mehr oder weniger massive Gehöfte. Auch sie hatte die oberösterreichische Nachkriegsordnung einer Blütezeit zugeführt. Kaum eines, das nicht an Umfang oder Ausstattung zugenommen hatte. Die teilweise aus dem 17. Jahrhundert stammenden Bauernhäuser waren erweitert oder abgerissen und neu gebaut worden. Viele hatten die Form mächtiger Vierkanthöfe angenommen. Allen waren runde Silotürme aus Beton, elektronisch gewartete Misthaufen und hallenartige Garagen vorgelagert. Mancher hatte die einst hölzernen oder aus Klinkerziegeln errichteten Außenmauern durch Glasfronten ersetzt. Einst bröckliger Putz strahlte in leuchtenden Farben. So gab es rosa Gehöfte oder Gehöfte in leuchtendem Grün oder Gelb und kaum noch jemand ließ, wie früher, Obst oder Wein an der Mauer emporwachsen.

Folgte man der Straße drei oder vier Kilometer ostwärts aus dem Tal hinaus, gelangte man auf die vierspurige Bundesstraße, die Eferding und Linz mit Wels und Passau verband. Die relative Nähe zu den größeren Städten der Region hatte dem Dorf nicht geschadet und zu seinem baulichen Wachstum beigetragen. Berufe abseits der Landwirtschaft konnten ausgeübt, ein bürgerlicher Broterwerb mit ländlichen Wohnverhältnissen kombiniert werden. Im Dorf und in den benachbarten Gemeinden gab es Schulen aller Art. So viele Kinder wie nie zuvor in der tausendjährigen Geschichte von Pielitz lernten lesen, schreiben und rechnen.

Bog man an der alten Mühle neben dem Heimatmuseum

links ab, führte eine tadellos asphaltierte Straße den Hügel hinauf. Kurz durchquerte man ein Waldstück. Die Straße machte eine Kehre, lief geradeaus und stieg ein weiteres Stück steil an. Auf der rechten Straßenseite öffnete sich ein großer Obstgarten. Über dem Obstgarten lag Erwins Hof in weißer Farbe. Drei Garagentore und eine mit hölzernen Fensterläden geschmückte Hausfront begrenzten den kleinen Platz. Hinter dem Hof nahm die Steigung des Hügels ab und ein Teich stand im Schatten hoher Erlen. Enten tauchten dort nach Schnecken oder glitten ruhig über die Wasseroberfläche. Rechts vom Teich zog die Waldgrenze vorbei. Der Wald erstreckte sich über die angrenzenden Gemeinden Bad Hiemsbach, Kreuzenstein, St. Marien und weit darüber hinaus. Es handelte sich um das größte intakte Waldgebiet der Region, das angestammte Jagdrevier von Erwin Weichselbaum.

Erwin betrat geduscht das Wohnzimmer. Theresa schlief. Er breitete behutsam die Decke über ihren gedrungenen Körper und heizte das Feuer, das auszugehen drohte, mit Reisig und Buchenscheitern an. In der Küche herrschte peinliche Ordnung. Kein Topf kochte am Herd, keine Schüssel stand am Tisch, im Rohr wurde nichts gebacken. Der Kühlschrank surrte teilnahmslos. Den dritten Tag in Folge aß Erwin kalt zu Abend.

Rosalie, die Tochter, parkte auf dem Vorplatz neben den Garagen. Erwin kannte das Geräusch ihres Wagens. Sie betrat lärmend Vorhaus und Küche. Erwin hieß sie leise sein.

»Ist Mama immer noch nicht gesund?«, fragte Rosalie, ohne die Stimme merklich zu senken. Sie öffnete instinktiv den Kühlschrank. »Wie kann denn das sein? Wart ihr beim Arzt? Ich brauche für morgen jemanden, der auf den Jungen schaut. Kann ich ihn nach Mittag vorbeibringen?«

Erwin schüttelte energisch den Kopf. »Das geht nicht. Ich bin morgen den ganzen Tag im Obstgarten. Der Kaiser Josef hilft mir beim Schneiden, da ist mir der Bub im Weg. Er ist alt genug, er braucht keinen Babysitter mehr.«

Rosalie bereitete sich umständlich ein Wurstbrot zu. »Kann die Mama nicht auf ihn aufpassen? Wo ist sie denn überhaupt? So krank kann sie doch nicht sein. Daniel macht die Hausübung und dann soll er ein Buch lesen oder von mir aus fernsehen.«

Erwin blickte zu Boden. »Deine Mutter ist krank, sie braucht Ruhe! Heute hat sie sich fünfmal übergeben. Dabei dachten wir zu Mittag, die Krankheit wäre vorbei.«

»Die Krankheit, die Krankheit«, rief Rosalie. Sie öffnete sämtliche Tupperwarebehälter, die sich im Kühlschrank befanden. »Was ist das denn für eine Krankheit?«

Mitten in der Nacht wachte Theresa auf. Sie fuhr sich mit beiden Handflächen über die Stirn und fand sich in der Finsternis nicht zurecht. Sie sah aus dem Fenster. Niemand hatte den Vorhang zugezogen. Über den Obstgarten schoben sich Wolkenfetzen. Am gegenüberliegenden Hang blitzten zwei rote Rücklichter durchs Dickicht. Das Auto verschwand aus dem Blickfeld und die Reglosigkeit der Landschaft zog Theresa in den Bann. Die Stille im Wohnzimmer, im Haus und über den kahlen Baumreihen wurde durch das leise Surren des Kühlschranks verstärkt. Theresa drehte vorsichtig den Körper und bettete sich zum Fenster hin. Sie sah in die Dunkelheit. Das Weiß ihrer Augäpfel leuchtete.

Der Boden knarrte und Erwins Gesicht schwebte über ihr. »Du bist wach? Wie geht es dir?«

Theresa zuckte zusammen. Sie hatte seine Anwesenheit nicht gespürt. »Wie soll es mir gehen? Ich bin matt.«

»Morgen gehen wir zum Arzt! Damit du es weißt. Es muss etwas geschehen.«

Theresa senkte die Lider. Ihre sachte Kopfbewegung konnte als Nicken interpretiert werden. Erwin nahm das zur Kenntnis und griff auf den Holzstoß neben dem Kamin.

Ohne die Augen wieder zu öffnen und mit hörbarer Anstrengung erhob Theresa die Stimme: »Bitte nicht mehr einheizen. Hier hat es über vierzig Grad. Geh endlich ins Bett. Morgen kommt der Kaiser Josef.«

Erwin warf ein Scheit in das Ofenloch. »Ich möchte, dass du gesund wirst. Ich brauche dich doch!« Er schüttelte den Kopf, setzte sich ans Bett und legte seine Hand auf Theresas Schulter. Dann verließ er, ohne Licht zu machen, leise das Zimmer.

Die Temperaturen stiegen und die Feldhasen boten ein fröhliches Schauspiel. In undurchschaubaren Manövern stoben sie über das nasse Erdreich, tummelten sich in Gruppen zusammen, sprangen jäh in die Luft, prallten in wilden Zweikämpfen aneinander und tobten wie vom Blitz getroffen wieder davon. Die Vögel sangen bis in den Abend. Hinten am Teich bildeten sich von einer Woche zur anderen Teppiche von Krokussen und Schneeglöckchen. Tage zuvor war ein warmer Frühlingssturm über das Land gefegt, hatte den letzten schattigen Schnee schmelzen lassen, Bäume geknickt und sogar ein Dach abgetragen. Kaum ein Bauer behielt die Gülle, die sich den Winter über in den Senkgruben gesammelt hatte, bei sich. Man spritzte sie an immer länger werdenden Nachmittagen auf die brachliegenden Felder.

Das Wartezimmer war bis auf den letzten Platz gefüllt. Theresa saß zwischen Renate Haberleitner und Hans Ölwein. Hans litt an einer starken Bronchitis. Seine Lungen pfiffen beim Ein- und Ausatmen. Renate klagte über Rückenschmerzen. Vor zwei Wochen hatte sie in einer unachtsamen Sekunde der Schafbock gerammt. Erwin setzte sich nicht ins Wartezimmer. Er plauderte an der Rezeption mit Adolf Bernböck, der sich den Blutdruck messen ließ. Hans fragte nach Theresas Beschwerden. Theresa zuckte mit den Achseln: »Ein Magen-Darm-Virus.«

Renate fragte nach Theresas Kindern. Theresa fühlte das Unwohlsein ansteigen. Ohne zu antworten, verzog sie das Gesicht und griff sich an den Bauch. Renate Haberleitner verstand diese Geste und bemerkte an Hans Ölwein gerichtet: »Mein Gott! Die Resi hat es schlimm erwischt.«

Doktor Peyerleitner rief Theresa ins Ordinationszimmer. Sie erhob sich und kämpfte mit dem Drang, sich übergeben zu müssen. Als sie ins Zimmer des Doktors trat, riss der Himmel auf und erfüllte den Raum mit einem warmen Strahl Sonne.

»Was kann ich für dich tun?«

Theresa hob die Schultern.

Doktor Peyerleitner rollte im Sitzen auf Theresa zu. »Erkältet bist du aber nicht, oder? Fieber? Wie ist es mit dem Appetit?«

Theresa gab an, keine Erkältung zu haben. Sie hätte auch kein Fieber. Nur essen könne sie nichts. »Mir ist schlecht. Das ist das Problem. Und ich bin schwach, wie selten.«

Doktor Peyerleitner maß Theresas Blutdruck. »Der Blutdruck ist ein bisschen zu niedrig. Seit wann nimmst du keine feste Nahrung mehr zu dir?«

»Seit drei Tagen.«

»Durchfall?«

»Nein«, antwortete Theresa. »Aber alles, was ich zu mir nehme, möchte ich erbrechen.«

Doktor Peyerleitner nickte. »Ich nehme dir Blut ab.«

Theresas Augen glitzerten. Der kleine Stich war kaum spürbar. Die Sonnenstrahlen ließen den Holzboden der Ordination aufleuchten. Über dem Parkett tanzten winzige Staubpartikel. Theresa fürchtete plötzlich zu weinen. Sie fuhr sich mit den Fingern unter die Augen, um die Trockenheit der Wangen zu überprüfen. Doktor Peyerleitner schien nichts zu bemerken. Er beschriftete die Blutprobe, steckte sich das Stethoskop in die Ohren und bat Theresa, die Bluse zu öffnen.

»Mit Herz und Lunge ist alles in Ordnung«, Doktor Peyerleitner nahm das Stethoskop aus den Ohren und rollte zum Schreibtisch. Er schrieb etwas in den Computer. Theresa knöpfte ihre Bluse zu. »Sonst irgendetwas Auffälliges? Seit wann geht es dir schlecht?«

Theresa hielt ihre lächelnde Miene nach Kräften aufrecht. »Seit zwei, drei Tagen. Vielleicht bin ich wetterfühlig? Der Winter war so lang ...«

»Vielleicht ...«, wiederholte Doktor Peyerleitner freundlich. Er wandte sich vom Computer ab und rollte noch einmal auf Theresa zu. »Ich verschreibe dir vorerst homöopathische Tropfen, sonst nichts. Wenn das Ergebnis des Bluttests da ist, sehen wir weiter. Gut? Gibt es noch etwas?«

Theresa duckte sich und winkte ab. Beim Hinausgehen wagte sie nicht, den Doktor anzusehen.

Erwin half Theresa in den Mantel. »Was hat der Peyerleitner gesagt?«

Theresa ließ den Kopf hängen. »Wahrscheinlich ein Virus. Er hat mir Blut abgenommen und noch nichts verschrieben. Nächste Woche wissen wir mehr.« Erwin war zufrieden. Oben am Hof hatte der Kaiser Josef die Sägeketten schon geschmiert.

Der Lärm der Motorsägen erfüllte den Obstgarten. Rosalies Wagen preschte an Erwin und Josef vorbei. In der Küche belegte sie sich mit drei Handgriffen ein Brot. Ihren Sohn hieß sie sofort mit den Hausaufgaben beginnen. Sie trat ins Wohnzimmer, wo Theresa neben dem Kamin auf dem Sofa döste.

»Mama, bist du noch immer nicht gesund? Es tut mir leid. Ich weiß wirklich nicht, wo ich den Buben hinbringen soll. Allein will ich ihn aber auch nicht lassen, dafür ist er mir noch zu klein. Ich muss dringend nach Linz und hole ihn am Abend wieder. Er hat viel zu tun und ein Buch dabei. Von mir aus kann er auch fernsehen.« Rosalie sprach extralaut, um sich ihrem in der Küche sitzenden Sohn ebenfalls verständlich zu machen. Theresa hatte keine Kraft, irgendetwas zu entgegnen. Sie nahm die Rede ihrer Tochter regungslos zur Kenntnis. Diese rief ihr einen kurzen Gruß der Besserung zu, trat aus der Tür und fuhr davon.

Daniel setzte sich ans Bett seiner Großmutter. »Ich geh nach draußen, okay?«

Theresa lag am Rücken. Sie hob die Hand und griff ihm an die Wangen. Seine Augen leuchteten. »Ich habe alle Hausaufgaben erledigt! Ich schwöre!«

Theresa nickte, doch es gelang ihr nicht, die Lippen so zu formen, dass ihnen Worte entwichen. Daniel kannte sich aus, sprang auf und zog sich die Jacke an. Wieder flutete die Sonne das Tal und der Frühling kündete bessere, lichtere Tage an.

Es hielt ihn nicht lange am Teich. Daniel stieg hoch zum Bänkchen und genoss den Blick über das Dorf und das Tal. Die Motorsägen im Obstgarten lärmten, vor dem Supermarkt floss reger Verkehr, auf den Feldern verspritzten Traktoren Gülle. An mehreren Dachstühlen wurde laut herumgehämmert. Am verlockendsten war die Dunkelheit des Waldes. Das Dickicht rund um den Hof kannte er blind. Die Astgabel einer Rotbuche grüßte den Wanderer. Er passierte das Gatter. Beim Waldtümpel betrachtete er sich für einen Augenblick im schwarzen Wasser. Bald würden Feuersalamander aus der Tiefe steigen und ungeschickt an Land kriechen. Wo keine Fichten oder Tannen, sondern Laubbäume die Pfade säumten, drang Sonnenlicht auf den mit Blättern übersäten Boden. Daniel rannte los. Er lief an der Eiche mit der perversen Liebesbotschaft vorbei und kontrollierte die steinige Stelle, an der im Herbst Fliegenpilze sprossen. Als er allen Plätzen seiner Kindheit einen Besuch abgestattet hatte, ließ er sich treiben und schlug einen unbekannten Weg ein, den er noch nie gegangen war.

Ein Bach führte an den Waldrand, wo die Gehöfte eines kleinen Dorfes standen. Daniel lief ein Stück geradeaus und folgte dem Wasserlauf wieder ins Waldinnere. Er beobachtete mehrere Eichkätzchen, den quirligen Flug eines schönen Spechts und kam tiefer in eine dicht bepflanzte Fichtenzone. Hier fiel kaum Licht auf den Waldboden. Daniel verlangsamte seinen Schritt. Das Gefühl, mitten im Wald, im Herzen des Waldes, sozusagen im Urwald zu sein, schärfte seine Aufmerksamkeit. Das Geräusch brechender Zweige irritierte ihn. Er blieb stehen, suchte den Schutz eines Baumes und spähte in Richtung des knackenden Unterholzes. In einiger Entfernung stand eine Gestalt. Daniel duckte sich. Er suchte instinktiv nach dem Himmel und seinem Mobiltelefon. Es war drei Uhr nachmittags, was alle Sorgen zerstreute. Um drei Uhr nachmittags räumte man den Stall aus, verrichtete Waldarbeit oder ging einkaufen. Keinesfalls passierten um diese Uhrzeit Verbrechen. Daniel gab sich seiner Phantasie hin. Er nahm Pose und Erwartungshaltung eines furchtlosen Detektivs, eines Geheimagenten oder Bandenführers ein, um der Gestalt ihr Geheimnis abzuringen.

Geduckt schlich er von Baum zu Baum und pirschte sich an den Fremden heran. Umsichtig versuchte er seine Beine möglichst geräuschlos am Waldboden aufzusetzen. Wie laut ein knackender Ast zwischen den hoch aufragenden Stämmen nachhallen konnte. Je näher Daniel kam, desto mehr spannten sich seine Muskeln an. Er fürchtete, sich durch seinen Herzschlag zu verraten. Irgendein phantastischer Einfall gab ihm die Gewissheit, dass es mit dem Eindringling etwas Besonderes auf sich hatte. Sein Tun war jedenfalls merkwürdig. Daniel war auf zirka zwanzig Meter herangekommen. Er konnte den Fremden nun genauer beobachten. Er trug eine dicke Kapuzenjacke in Militärfarben. Er war gut einen Kopf größer als Daniel und zog von Zeit zu Zeit Nägel aus den Seitentaschen seiner schwarzen Hose. Er stand mit dem Rücken zu Daniels Versteck. In der anderen Hand schwang er einen Hammer. Am Boden lagen kleine Holzstücke, die an Bauklötze erinnerten. Die Holzstücke hämmerte er an den Baumstamm. Dann legte er den Hammer zur Seite, um mit einer Handsäge dürre Zweige vom

Stamm der Fichte abzusägen. Er schien in sein Tun vertieft und weit davon entfernt, rings um sich etwas zu bemerken.

Daniel hielt den Atem an. In den Momenten, in denen sich der Fremde ruhig verhielt, weil er einen Nagel aus seiner Tasche zog oder ein passendes Holzstück aussuchte, meinte er weit entfernt die Motorsägen seines Großvaters zu hören. Das flößte ihm Mut ein und steigerte seinen Nervenkitzel. Er wollte zumindest das Gesicht des Fremden sehen und seinen Beobachtungsposten keinesfalls eher aufgeben. Sein Standpunkt war ideal. Noch näher heranzurücken hätte keinen Sinn gehabt. Es kam nur darauf an, dass sich der Fremde einmal umdrehte. Daniel zweifelte nicht eine Sekunde, dass es sich um verbotene Machenschaften handelte. Es war verboten, fremde Bäume anzusägen, geschweige denn anzunageln. Aus der Art, wie sich die Gestalt bückte und ihren Fuß gegen die Fichte stemmte, schloss Daniel, dass es sich um einen Mann handeln musste. Er war dünn. Durch die Weite der dunklen Hose zeichneten sich schmale Beine ab. Das beruhigte instinktiv oder unbewusst Daniels Gemüt und bekräftigte seine Überzeugung, es mit einem Schlingel, aber mit keinem Monster zu tun zu haben.

Er dachte daran, wie er Paul und Michael und Severin am Schulhof von seiner geheimen Beobachtung erzählen würde. Sie würden ihm nicht glauben oder zumindest so tun, als ob sie ihm kein Wort abkauften. Dabei hatte Daniel kaum eine Geschichte jemals vollständig erfunden. Manchmal hatte er ein bisschen übertrieben. Doch daraus konnte man ihm keinen fundamentalen Vorwurf machen. Wenn Daniel mit seinem Vater fischen ging, blieb seiner kindlich-jugendlichen Aufmerksamkeit kein Detail verborgen. Wenn er seinen Vater später in geselliger Runde davon erzählen hörte, merkte

Daniel sehr genau, in wie vielen mehr oder weniger bedeutsamen Punkten sein Vater von der Wahrheit abwich.

Daniel spürte, dass seine Existenz sich von der seiner Schulkollegen unterschied. Er fühlte, dass das mit seinem Vater und seiner Mutter zu tun hatte. Ein Makel schien an ihm zu haften. Wenn er sich nicht durch Stärke und Verwegenheit Respekt verschaffte, tanzten ihm Paul, Michael oder Severin sofort auf der Nase herum. Manchmal schienen sie sich regelrecht gegen ihn zu verbrüdern. Dann verspotteten sie ihn oder beleidigten seinen Vater, was Daniel in Zorn versetzte. Zum Glück hatte er von seinem Vater starke Arme geerbt. Er wusste sich gegen Angriffe zu verteidigen. In der Schule war er längst ein gefürchteter Kämpfer. Widersacher überlegten es sich dreimal, ob sie ihn mit ihrem Spott überhäuften. Daniel erinnerte sich an die warme Hand seiner Großmutter, die eben über seine Wange gestriffen hatte. Einmal kam er weinend angerannt, da hatte sie zu ihm gesagt: »Aber Daniel, das darfst du dir doch nicht zu Herzen nehmen. Die anderen Kinder sind eifersüchtig, weil du stark und schön bist. Hast du das noch nicht bemerkt?«

Direkt über ihm landete der schöne Specht. Daniel beobachtete ihn einen Augenblick. Kein Waldvogel konnte es an Eleganz mit dem Specht aufnehmen. Er hüpfte geschickt am Stamm entlang, umrundete ihn mehrmals und klopfte mit seinem Schnabel die Rinde ab. Du bist mir also gefolgt?, dachte Daniel und nickte dem Vogel anerkennend zu. Der Specht hämmerte, als würde er zustimmen, intensiv gegen das weiche Rindenholz. Damit weckte er auch das Interesse des Fremden. Daniel wurde unruhig. Der Fremde drehte sich überrascht um und suchte in der Luft nach dem Ursprung des Klopfgeräusches. Die Kapuze der Jacke hing ihm so weit ins Gesicht, dass seine Züge nicht auszumachen waren. Daniel kauerte sich hinter einem Brombeerstrauch zusammen. Er machte sich so klein er konnte. Der Kopf des Fremden, der hinter dem Kapuzenstoffdach im Dunkeln blieb, wanderte suchend hin und her. Er konnte nichts erkennen, legte die Handsäge auf den Waldboden und kam zwei Schritte auf Daniel zu.

Daniel verfluchte den Specht. Der Specht schien sich seiner Sache sicherer denn je. Sein Schnabel hatte sich durch die Rinde gebohrt und das harte Holz erreicht. Staub rieselte ganz leise den Stamm herab. Der Fremde hielt inne. Kurz schien er den genauen Herkunftsort des Klopfgeräusches neu zu orten. Daniel packte kindliches Grauen. Mit jedem neuen Atemzug wollte er die Flucht ergreifen. Doch die Lust, das Gesicht des Fremden wenigstens für den Bruchteil einer Sekunde zu sehen, überwältigte ihn. Hin- und hergerissen zwischen Lust und Grauen, zog sich sein Körper wie eine Feder zusammen. Er verlagerte das Gewicht auf sein angewinkeltes Knie, um im Augenblick loszusprinten. Der Fremde blickte wenige Meter vor Daniel in die Höhe. Es war der Specht, der nun als Erster die Flucht ergriff. Er flog drei oder vier Bäume weiter und hüpfte dort die Rinde entlang. Daniel konnte sehen, wie der Kopf des Fremden dem Vogel folgte. Er musste den Augenblick nutzen, um seinem Enttarnt- oder Gefasst- oder gar Gefangen-Werden zuvorzukommen. Da lüftete der Fremde seine Kapuze. Daniel starrte gebannt auf das frei werdende Haupt.

Er hatte gelbe Augen und ein dunkles Gesicht. Über den Lippen wuchs ihm ein feiner Schnurrbart. Eine lange Narbe zierte seine linke Wange. Das Kopfhaar kräuselte sich schwarz und bildete einen wilden Busch, wie ihn Daniel bislang nur bei Menschen im Fernsehen gesehen hatte. Die großen Augen fokussierten den Specht, und plötzlich schien das Gesicht zu lächeln. Es zeigten sich zwei Reihen riesiger Zähne. Der Kontrast zwischen der Dunkelheit der Haut und den sehr weißen Zähnen hätte nicht größer sein können. Daniel sprang auf und rannte um sein Leben.

Die feinen Äste der Fichten schlugen ihm ins Gesicht. Er rannte blindlings auf die Helligkeit der Waldgrenze zu. Daniel hörte nicht, ob ihm der Dunkle folgte. Sich umzuwenden hatte er keine Zeit. Immer wieder klatschten ihm Zweige gegen die Stirn oder über die Augenbrauen. Er musste die Arme schützend vors Gesicht halten, um den Peitschenschlägen zu entgehen. Da warf ihn ein Schlag zu Boden.

Der Fremde trat Daniel in den Rücken. Er warf sich auf ihn und drückte ihn gegen den Waldboden. »Was willst du?«

Daniel versuchte den Fremden abzuschütteln, doch gegen dessen Kraft war er machtlos. »Nichts, lass mich gehen!«

»Wieso hast du mich beobachtet?« Der Fremde drückte Daniel den Kopf in die weichen Fichtennadeln. Der harzige Geruch der Nadeln kitzelte Daniels Nase.

»Ich wollte sehen, was du tust. Sonst nichts.«

Der Fremde drehte Daniel auf den Rücken. Seinen Zugriff lockerte er nicht. Sie sahen sich ins Gesicht. Jetzt lachte der Fremde. »Wie heißt du? Wie alt bist du?«

Daniel nannte seinen Namen und machte sich älter: »Ich bin dreizehn. Und du?«

»Ich heiße Toti«, sagte der Fremde, »ich bin sechzehn! Ich werde dich jetzt freilassen, unter einer Bedingung ...«

Daniel sah seinem Feind in die gelben Augen. So schrecklich diese wirkten, das strahlende Gebiss schien außerstande, Unheil zu verkünden.

Rosalie setzte sich zu ihrer Mutter ans Bett. »Wo ist Daniel?«

Theresa zuckte nur ganz leicht mit den Achseln.

»Aber Mama, was ist denn bitte mit dir los? Seit wann sind die Menschen so krank, dass sie nicht mehr sprechen können? In dreißig Jahren habe ich dich nicht mit dem kleinsten Wehwehchen gesehen, und jetzt hat es dich so arg erwischt, dass du nicht einmal den Mund aufmachen kannst? Warst du endlich beim Arzt? Was sagt er? Was hast du denn eigentlich?«

Theresa konnte ihrer Tochter nicht antworten. Die Unlust zu sprechen war zu stark. Rosalie, die ihren Sohn abholen wollte, brachte diese unbekannte Eigenart ihrer Mutter aus der Fassung.

»Ich glaube das nicht. Mama, was ist los? Hast du Fieber? Soll ich jetzt sofort einen Arzt holen? Musst du dich übergeben? Oder bist du einfach nur zu faul zum Sprechen?« Sie beugte sich über ihre Mutter, griff ihr an die Schultern und schüttelte sie.

Theresa starrte auf ihre Tochter. Sie rang nach Worten. Doch die mühsame Suche danach hielt mit der Geschwindigkeit der Umwelt nicht Schritt. Der Zugriff ihrer Tochter schien ihr brüsk. Was fiel dem Mädchen ein? Wie konnte ein Wesen so kalt sein? Wie verblödet musste man sein, um bis nach Linz zum Friseur zu fahren? Wie niedrig, um diesem trivialen Ansinnen die gesamte Umwelt unterzuordnen? Die Hände der eigenen Tochter packten sie an den Schultern, schüttelten sie wie einen Apfelbaum und beschuldigten sie der Faulheit. Der Zorn stand Theresa bis unter die Augen. Doch im selben Moment schämte sie sich, und Erbarmen erfüllte ihre Seele. Theresa fürchtete, ihre Abneigung nach außen getragen zu haben. Sie schloss die Augen, um ja keiner Gefühlsregung den Ausgang zu erlauben.

Rosalie konnte nicht fassen, dass die eigene Mutter vor ihr die Augen verschloss. Verständnislos nahm sie die Hände von ihren Schultern. »Sag mir wenigstens, wo Daniel ist. Ich möchte fahren. Es ist schon spät. In einer Stunde kommt Fridolin nach Hause. Ich muss ihm etwas kochen.«

Theresa hörte die Stimme ihrer Tochter sehr genau. Sie verstand jedes Wort. Sie hätte gerne geantwortet. Es war nicht schwer: Daniel war nach draußen gelaufen. Wahrscheinlich half er seinem Großvater, oder er war beim Teich, oder, was am wahrscheinlichsten war, er lief im Wald herum. Er konnte jedenfalls nicht weit sein. Er hatte seine Hausaufgaben gemacht. Die intellektuelle Anstrengung hatte seine Wangen gerötet. Theresa hatte es genau beobachtet. Man musste vors Haustor gehen und ihn rufen. Er würde sogleich aus dem Stall oder vom Futterboden oder aus dem Geäst hervorspringen. Stattdessen schwieg Theresa und weigerte sich, die Augen zu öffnen. Es tat ihr leid, die eigene Tochter so seltsam zu behandeln. Andererseits hatte sich das Befremden über deren Egoismus noch nicht vollständig gelegt.

Stimmen drangen ins Wohnzimmer. Erwin rief dem Kaiser Josef etwas zu. Sie lachten. Das Trappeln ihrer Schritte erfüllte das Vorhaus. Unten im Dorf brannten Lichter. Der Mond zeichnete sich über dem Obstgarten ab. Noch vor den beiden Männern lief Daniel zur Tür herein. Auch er lachte und begrüßte seine Mutter. Erwin bat seinen Enkel, zwei Bierflaschen aus dem Keller zu holen.

Rosalie erhob sich erleichtert. »Komm, Bursche!«, sagte sie, als Daniel die Männer bedient hatte. Sie küsste ihn auf sein zerkratztes Gesicht und drängte zum Aufbruch.

Daniel verabschiedete sich unter Scherzen von seinem Großvater und Kaiser Josef. Er setzte sich kurz neben seine Großmutter ans Bett und flüsterte ihr zu: »Oma, ich komme morgen wieder, okay?« Er lächelte und küsste Theresa auf die linke Wange. Behutsam schob er die Tür zum Esszimmer zu, drehte das Licht ab und lief nach draußen.

An diesem Abend trank Erwin drei Bier. Die Gesellschaft Kaiser Josefs tat ihm gut. Sie unterhielten sich über den Obstgarten und andere landwirtschaftliche Anliegen. Erwin wollte gewisse Pachtverträge erneuern, andere nicht. Ein Feld nahe Bad Hiemsbach überlegte er, endgültig zu verkaufen. Neue Förderrichtlinien der Europäischen Union bereiteten ihm Kopfzerbrechen. Kaiser Josef äußerte sich zustimmend oder ablehnend und beriet seinen Freund nach Kräften. Theresa hörte der Unterredung aus der Dunkelheit des Nebenzimmers zu. Trotz der geschlossenen Schiebetür war es nicht schwer, den Stimmen zu folgen. Kurz flackerten Schuldgefühle in ihr auf. Der Gast hatte hart gearbeitet, und sie bewirtete ihn nicht. Was würde ihr Mann dem Josef vorsetzen? Sie hatte seit vier Tagen nichts gekocht. Nicht einmal das brachte sie zuwege.

Josef war gegangen. Erwin setzte sich an Theresas Bett. Seine Wangen glühten. »Der Kaiser Josef weiß einen Heiler. Der durchleuchtet dich. Der kann deine Aura lesen!«

Theresa hörte ihrem Mann erstaunt zu und lächelte. Über diese Regung freute sich Erwin so, dass er Theresa die Wange tätschelte.

»Wir fahren am Montag gleich hin.« Erwin griff nach der Hand seiner Gattin. »Gute Nacht! Ich muss ins Bett. Ich habe mich nicht geschont, jetzt bin ich betrunken.«

Theresa räusperte sich und fand endlich Anlass genug, ihre Stimme zu erheben. Sie hatte den ganzen Tag nicht gesprochen. »Gute Nacht! Du hast dich wahrlich nicht geschont!«

Doch die Nacht verlief zunächst unheilvoll. Theresa wurde von Ängsten überfallen. Sie spürte ein metastasierendes Gewächs in ihrem Bauch. Auf ihrer Brust lastete mit einem Mal ein Druck, und ein Stechen erschwerte ihr das Atmen. Grauenvolle Phantasien ließen sie die Innerlichkeit ihres Körpers imaginieren. Dabei erschien ihr nichts in seiner gesunden oder rosigen Gestalt. Ein grauer Film legte sich über den Magen und den Darm. Sie begann zu schwitzen und strampelte sich aus der Decke. Erst mit dem Blick aus dem Fenster legte sich langsam der Wahn. Sie besann sich, eben beim Arzt gewesen zu sein. Der Arzt hatte keine ungewöhnlichen Symptome festgestellt. Über ein mögliches Virus wüsste sie spätestens nächste Woche Bescheid. Sie erinnerte sich an das Sonnenlicht, das die Praxis des Arztes geflutet hatte und beruhigte sich. Je länger Theresa über den Obstgarten sah, die Kirchturmspitze streifte oder sich in den Schwarz- und Violett-Tönen des Himmels verlor, desto ruhiger wurde ihre Atmung. Desto fester wuchs die Einsicht: Ich bin nicht krank. Mir fehlt eigentlich nichts.

2

Die heilsame Wirkung der Schwefelquellen von Bad Hiemsbach war seit der Römerzeit bekannt. Ende der siebziger Jahre des 20. Jahrhunderts wurde daraus ein Geschäftszweig. Die Europa-Therme Bad Hiemsbach gehörte bald zu den größten sogenannten Wellnessoasen Oberösterreichs. Das hölzerne Kneipp-Häuschen von einst hatte sich mit den Jahren in einen Glaspalast samt Hotelkomplex verwandelt. Die ThermenverwaltungsGmbH war ein wichtiger Arbeitgeber der Region, und der hervorragende Ruf ihrer Familie ermöglichte Rosalie eine attraktive Lehrstelle als Bürokauffrau in der Verwaltung. Nach dem neunten Pflichtschuljahr, mit fünfzehn Jahren, genoss Rosalie ihren letzten freien Sommer als junge Erwachsene oder Teenagerin. Am vierten September, einem Mittwoch, betrat sie mit verschlafenen Augen die Pielitzer Bushaltestelle neben dem Lagerhausturm. Um halb sieben ging der Bus nach Bad Hiemsbach, und ab sieben sah sie ihren neuen Bürokolleginnen über die Schulter.

Mit neunzehn Jahren schloss Rosalie die Lehre ab. Sie erhielt einen Blumenstrauß von ihrem Chef. Ihre Kolleginnen schätzten sie und ließen sie beim Kirchenwirt hochleben. Die Nacht war ungewöhnlich warm, nach meteorologischen Definitionen tropisch. Rosalie hatte den letzten Bus verpasst und schlug Mitfahrangebote ihrer Freundinnen klug in den Wind. Hunderte oder Tausende Oberösterreicher und

Oberösterreicherinnen ließen in der Blüte ihrer Jugend ihr Leben, weil sie betrunken mit dem Auto gegen Obstbäume, Leitplanken oder Hausmauern krachten. Die Nacht ängstigte Rosalie nicht. Der Duft frisch gemähter Wiesen lag über dem Land. Die Apfelblüte war längst vorbei. Der Sommer hatte von der gesamten Natur Besitz ergriffen. Niemand konnte Rosalie die Lehrabschlussprüfung streitig machen. Sie würde sich als Masseurin weiterbilden oder sogar die Berufsreifeprüfung in Angriff nehmen. Den Kopf voller Pläne und das Herz voller Zuversicht schritt sie den Hang hinauf. Sie erreichte den Kamm, und die weite Furche des dörflichen Tals breitete sich vor ihren Augen aus. Sie hörte deutlich das Motorrad, das sich den steilen Hang von der Hiemsbacher Seite hinaufquälte. Ihr Herz schlug schneller, sie dämpfte den Schritt. Der Giebel des heimatlichen Hofs lugte unten zwischen den Erlen hervor.

Fridolin Kluger nahm den Helm vom Kopf. Liebevoll blinzelte er Rosalie zu. Was sie um diese Uhrzeit allein auf der Straße suche? Ob er sie mitnehmen solle? Rosalie erzählte ihm stolz von den Ereignissen der vergangenen Tage. Fridolin stellte das Motorrad ab, und sie setzten sich ins frisch geschnittene Gras. Der Mond nahm Anteil am Glück der jungen Menschen und versetzte die gesamte Landschaft in ein dunkel-sommerliches Licht. Drei Jahre später, nach Höhenfahrten und Talstürzen, war Rosalie zum zweiten Mal von Fridolin schwanger. Sie lehnte es ab, erneut abzutreiben. Sie sprachen mit ihren Familien, und ehe Daniel auf die Welt kam, waren Rosalie und Fridolin Mann und Frau.

»Was ist mit deinem Gesicht? Bist du gestürzt?« Rosalie tastete besorgt über Daniels Wangen. Im grellen Licht der Garage wurden die Risse auf der Stirn und über den Backen deutlich.

»Ach nichts!«, sagte Daniel und sprang aus dem Auto. Sein Vater saß in der Küche. Daniel begrüßte ihn stürmisch. Fridolin packte seinen Sohn, kitzelte ihn am ganzen Körper und warf ihn auf eines der Ledersofas im Wohnzimmer. Er stürzte sich auf ihn und begutachtete die kleinen Schnittwunden im Gesicht: »Was hat der Großvater mit dir gemacht? Hat er dir vor lauter Ungeschicklichkeit die Mistgabel ins Gesicht gestoßen?«

Daniel schüttelte sich vor Lachen und hängte sich seinem Vater um den Hals.

Rosalie rief ihren Mann aus der Küche. Ob er bereits gegessen hätte, oder ob sie noch etwas kochen müsste. Fridolin verneinte, sie solle sich nicht sorgen. Er hätte bei der Kundschaft gespeist. Rosalie kam ins Wohnzimmer und stellte ihren Mann zur Rede: »Isst du jetzt jeden Tag auswärts?«

»Was soll ich machen?«, Fridolin legte die Füße auf den Couchtisch und schaltete den Fernseher ein. »Die bestehen darauf. Du weißt ja, wie das ist. Sie zwingen einen. Es ist gut fürs Geschäft.«

Fridolin bat seinen Sohn, ihm ein Bier aus der Küche zu holen. Daniel gehorchte und setzte sich zu seinem Vater. Rosalie nahm in einem Fauteuil Platz. Sie winkelte die Beine ab. Dass sie beim Friseur gewesen war, schien Fridolin nicht zu merken.

Im Bett versuchte Rosalie mit ihrem Mann zu reden. Sie machte sich Sorgen um die Mutter. Fridolin hielt nicht lange durch. Er verstünde nicht, worauf sie hinauswollte. Entweder man wäre krank, oder man wäre nicht krank. Dazwischen gäbe es seiner Meinung nach nichts. Rosalie begann ihre Gedankenkette von vorne zu knüpfen. Da schlief Fridolin bereits. Er hatte von acht Uhr morgens bis sechs Uhr abends auf einem Dach in St. Marien gestanden und über tausend Nägel eingeschlagen. Rosalie packte die Wut. Sie drehte sich zur Seite und las in einer Illustrierten. Erst lange nach Mitternacht knipste sie die Lampe auf ihrer Seite aus. Sie starrte zur Decke, und bald rollten Tränen über ihr Gesicht. Nach vielen Jahren Übung hatte sie gelernt, lautlos zu weinen.

Am nächsten Tag hielt Daniel dicht. Kurz drängte es ihn, sich zum Beispiel mit Paul auszusprechen. Es gelang ihm, sich zu beherrschen. Während der Turnstunde kam Michael auf ihn zu und fragte, ob er nachmittags mit ihm und Paul auf den Sportplatz käme. Daniel verneinte, er hätte keine Zeit. Auch in diesem Moment reizte es ihn, sich näher zu erklären oder weitere Auskünfte zu geben. Er biss die Zähne aufeinander und freute sich in sich hinein. Kaum war der Schultag zu Ende, lief er nach Hause. Seine Mutter, die um ein Uhr nach Hause kam, war noch nicht da. Er warf den Ranzen in eine Ecke. In der Garage stopfte er seine Taschen mit Nägeln voll und rannte aus dem Haus. Er hastete ins Dorf hinunter, querte den Bach und rannte auf der anderen Talseite wieder hinauf. Seine Großmutter lag an der üblichen Stelle. Er küsste sie und ließ sich kurz von ihr die Haare raufen. Dann besuchte er seinen Großvater, der im Stall zugange war. Daniel wusste, dass er sich bei seinen Großeltern bemerkbar machen musste, um nicht die energischen Sorgen seiner Mutter zu wecken. Würde sie das Haus leer vorfinden, gälte ihr zweiter Anruf Erwin und Theresa. Hatte sie sich versichert, dass er wirklich bei ihnen war, lag ein ungestörter Nachmittag vor ihm. Daniel half seinem Großvater den Schubkarren beladen. Er drehte ihm im Hof das Wasser auf und ab. Er hielt die Ferkel im Zaum, während Erwin die Lampen reparierte. Dann sagte sein Großvater, dass es genug wäre, und entließ ihn mit den immer gleichen Worten: »Lauf, Bursche, lauf!« Daniel nahm ihn beim Wort und rannte in den Wald hinein.

Was Erwin zu diesem Zeitpunkt im Kopf herumging, ist schwer zu sagen. Er selbst schien sich nicht darum zu kümmern. Welchen Reim machte er sich auf das, was rings um ihn vorging? Am Montag hatte Theresa begonnen einzuknicken. Sie wäre beinahe vom Traktor gestürzt. Sie riss sich zusammen, doch Erwin merkte, wie schwer es ihr fiel, die geschnittenen Äste auf den Anhänger zu laden. Abends fütterten sie die Tiere. Theresa konnte kaum die Kübel heben. Am nächsten Tag servierte sie ihm Erdäpfelsalat und aufgetaute Knödel. Selbst aß sie kaum einen Bissen. Nach dem Mittagessen lief sie aufs Klo und übergab sich. Erwin fühlte in diesem Moment fast Erleichterung. Die rätselhafte Schwäche seiner Frau bekam einen eindeutigeren Befund. Sie hatte sich mit einem Magen-Darm-Virus angesteckt.

Ihre Krankheit bedeutete eine Novität. In beinahe vierzig Jahren Ehe hatte er seine Frau kaum einmal krank erlebt. Sie war robust, stark und zäh. Sie stand um sechs auf, ging in den Stall, bereitete das Frühstück zu, fuhr einkaufen, und der Vormittag hatte gerade erst begonnen. Sie wusch, putzte das Haus, kochte das Mittagessen und gönnte sich dann vielleicht eine Tasse Kaffee und einen Blick in die Post oder die Tageszeitung. Spätestens um zwei standen Theresa und Erwin erneut in den Stiefeln, reparierten Zäune, leerten die

Senkgruben, schweißten ein Gitter zusammen oder reinigten die Ställe. Selbstverständlich wurden um fünf Uhr die Tiere gefüttert, auch wenn ihnen nicht viele geblieben waren. Genug, um vier starke Hände und Arme eine Stunde lang in Anspruch zu nehmen. Zweimal die Woche buk Theresa abends Brot. Während die Kinder am Hof lebten, gingen sie ihr zur Hand und erleichterten die Mühsal. Andererseits forderten sie viele Stunden Aufmerksamkeit für sich. Sie wollten in die Musikschule oder auf einen weit entfernten Fußballplatz gebracht werden. Sie verlangten nach Kleidung, Computern und immer neuen Einkäufen in der Stadt. Manchmal trübte jugendlicher Starrsinn oder Liebeskummer ihre Seelen. Sie schoben schulische Zwänge vor und schlossen sich stolz in ihren Zimmern ein. Sie torpedierten die gewohnten Abläufe, anstatt zu helfen. Sie spotteten der landwirtschaftlichen Lebensweise. Erwin wurde darüber zornig, und er hat bei diesen Gelegenheiten etliche Ohrfeigen verteilt.

Umso beunruhigender war nun Theresas Reglosigkeit. Wie konnte sie vier Tage lang neben dem Kamin liegen wie ein totes Tier? Wie hielt sie es aus, stundenlang aus dem Fenster zu starren, ohne auch nur den Kopf zu bewegen? Erwin begriff diese abrupte Wendung der alltäglichen Routine nicht. Er wartete darauf, dass alles wieder den normalen Gang nehmen würde. Seiner Vorstellung von Krankheit entsprach zwei- oder dreitägiges Unwohlsein. Dann ermahnte man sich, legte die Schwäche wie eine zu warm gewordene Decke ab, stieg in die Schuhe und verrichtete seine Arbeit. Noch unheilvoller erschien ihm Theresas Stille. Sie schlief nicht, doch sprach sie auch nicht. Sie brütete dahin oder hing Gedanken nach. In der Nacht blickte sie mit offenen Augen aufs Feld hinaus. Erwin hatte sie dabei beobachtet. Sie ging Gesprächen aus dem Weg, indem sie die Augen schloss. Sie wollte nicht mit ihm reden, oder zumindest konnte sich Erwin dieses Eindrucks nicht erwehren.

Mit wem sollte man darüber sprechen? Der Kaiser Josef wischte alles mit einem Handstreich beiseite. Natürlich hätte man zu akzeptieren, dass die Körper mit dem Alter schwächer würden. Das wäre der Lauf der Dinge, seit Menschen die Erde bewohnten. Man müsste darüber nachdenken, Dinge abzugeben, aufzulösen und zu verkleinern. Seine Frau und er könnten auf Dauer einen Hof dieser Größe nicht bewirtschaften. Mit diesen Überlegungen machte Josef Erwin keine Freude. In ihrem Schlepptau tauchten Gedanken auf, denen Erwin tausendmal nachgegangen war und die immer zum tiefsten Unglück führten. Wenn er bei schönem Wetter einsam einen Feldweg hinausfuhr oder abends mit einer Flinte im Unterholz lauerte, dann konnte er nicht fassen, warum seine Söhne ihn verlassen hatten. Warum waren sie fortgegangen? Warum verachteten sie den Bauernstand? Was war falsch an dieser Lebensweise, die doch Generationen von Menschen seit Jahrhunderten oder Jahrtausenden zufrieden oder sogar glücklich gemacht hatte?

Erwin ging zum Teich hinauf und setzte sich ans Wasser. Sein Rücken schmerzte. Er hatte vier Tage lang die doppelte Arbeit verrichtet. Ohne seine Frau dauerte alles doppelt so lang und war doppelt so anstrengend. Würde sie länger krank bleiben, gingen auch ihm früher oder später die Kräfte aus. Er brauchte Theresa, um so leben zu können, wie er wollte. Sie waren eine Symbiose eingegangen. Man konnte den einen nicht mehr vom anderen trennen, ohne beide zu zerstören. Indem sie die Kraft ihrer Hände koordinierten, rangen sie dem Feld Weizen ab, den Bäumen Obst und den Tieren Eier, Milch, Wolle und Fleisch. Erwin rührte dieser Gedanke. Er entsprach seiner Verbundenheit mit dem Hof, dem Dorf und der Erde. Vom Wald her klopfte ein Specht. Erwin rieb sich traurig die Hände. Er nahm sein Mobiltelefon aus der Hosentasche und rief seine Söhne an.

Neben den Wegen, wo eben noch Schnee gelegen war, trieben Krokusse an die Oberfläche. Die Luft war kalt, frisch und voller Würze. Daniel sprang über wässrige Furchen und mied die matschigen Pfade der Traktorspuren. Der weiche Waldboden federte seinen Schritt. In den Jackentaschen schepperten die Nägel. Bald stand ihm Schweiß unter der Haube. An der Fichte angelangt, grüßte ihn Toti aus beträchtlicher Höhe. »Komm herauf!«, rief er. »Hast du die Nägel?«

Daniel nickte und machte sich daran, nach oben zu klettern.

Toti hatte die kleinen Holzstücke in regelmäßigen Abständen an den Stamm genagelt. Man stieg problemlos an ihnen hoch, sofern man ein gewisses Grundmaß an Geschicklichkeit besaß. Daniel begriff, warum Toti gerade diese Fichte ausgewählt hatte. In zirka vier Metern Höhe ragten die dicken Äste einer angrenzenden Eiche so einladend herüber, dass man ohne Probleme hinüberwechseln konnte.

Toti stand auf einem Eichenast und befestigte an einem höher gelegenen, dicken Zweig ein Seil. »Wenn du die Nägel hast, dann kann ich beginnen, den Boden zu verlegen.«

Daniel wagte noch nicht, auf den Eichenast zu wechseln. Er hielt sich mit einer Hand an der Fichte fest und fuhr mit der anderen Hand in seine Jackentasche. Er streckte Toti die Nägel hin: »Hier! Nimm!«

Toti nahm sie entgegen. »Könntest du mir jetzt die Bretter von unten heraufbringen?« Er deutete auf einen Haufen Bretter am Boden.

Daniel nickte, »selbstverständlich!« Er kletterte nach unten, nahm ein Brett, kletterte wieder nach oben und reichte es Toti. Dieser vernagelte die Bretter eins nach dem anderen in der Astgabel. Langsam entstand so ein hölzerner Verschlag hoch in den Bäumen.

Während sie arbeiteten, besprachen sie die Details des Baus. Das Seil sollte als Hilfe dienen. Hatte Daniel bis jetzt noch nicht gewagt, auf die Eichenäste überzusetzen, würde dies dank des Seils kein Problem mehr darstellen. Daniel ließ nicht unerwähnt, dass sein Vater Zimmermann war. Bei ihm zu Hause gäbe es viele Dinge, die Toti nützlich werden könnten. Toti widersprach nicht, erkundigte sich aber, ob sein Vater nicht verärgert wäre, wenn er die Garage plünderte.

»Mein Vater weiß ganz bestimmt nicht, wie viele Nägel er in seinen Schachteln hat oder wie viele Holzlatten im Keller herumliegen. Das kann ich mir nicht vorstellen. Mein Vater ist ein lockerer und lustiger Mann.«

Toti nahm das zur Kenntnis. Daniel reichte ihm eines der letzten Bretter. Totis Gesicht kam dem seinen ganz nahe.

Daniel konnte nicht widerstehen: »Was hast du für eine lange Narbe im Gesicht?«

Toti strich sich mit dem Handrücken über die Stelle. Er erzählte, ohne Daniel anzusehen oder mit der Nagelei aufzuhören: »Ich komme aus einer Stadt namens Darʼā. Die Stadt liegt in Syrien, fast an der Grenze zu Jordanien. Dort ist vor vielen Jahren der Krieg ausgebrochen, wegen ein paar Burschen. Sie haben nach der Schule ›Assad soll sterben!‹ auf die Mauer einer Garage geschrieben. Der Präsident hat sie sofort eingesperrt. Mein großer Bruder Karim war mit zwei von ihnen befreundet. Sie gingen in dieselbe Klasse. Die Polizei hat meinen Bruder beobachtet. Jeden Nachmittag sind sie um unseren Block herumgefahren. Meine Eltern haben große Angst bekommen. Du musst wissen, dass der Mukhabarat den Leuten im Gefängnis die Fingernägel ausreißt. Einer der Burschen, er war vierzehn, ist im Gefängnis von den Polizisten erschlagen worden. Bald darauf sind in Dar'ā überall Kämpfe losgegangen. Soldaten haben mit Panzern auf unser Wohnhaus geschossen. Dabei sind die oberen Stockwerke eingestürzt. Das Haus war sehr schlecht gebaut. Als wir nach unten gelaufen sind, ist ein Teil des oberen Stockwerks herabgestürzt. Meiner Mutter ist ein Balken auf den Kopf geflogen. Der Balken war selbstverständlich aus Beton, nicht aus Holz. Meine Mutter war sofort tot. Mich hat ein herabstürzender Kasten gestreift. Aber nicht so schlimm, wie du siehst. Mir ist nur diese Narbe geblieben. Meinem Bruder und meinem Vater ist zum Glück nichts passiert.«

Daniel schämte sich. Er fürchtete, Toti würde ihn jetzt nach Hause schicken. Er zog den Kopf ein, kletterte nach unten und blickte nach oben. Toti war geschickt. Er stand sicher und fest auf den Brettern, die er zuvor an dem Eichenast befestigt hatte. Daniel konnte die Form des Baumhauses noch nicht recht erahnen. Von unten wirkte alles etwas chaotisch. Panzer hatten auf Totis Haus geschossen. Ein herabstürzender Betonbalken hatte seine Mutter erschlagen. Daniel fühlte sich sehr unwohl. Er hatte zuvor nicht ohne Stolz von seinem Vater gesprochen. Das kam ihm nun unpassend vor. Er grub die Hände in die Hosentaschen und biss sich auf die Lippen.

Toti rief von oben herab: »Was ist mit dir? Sind die Bretter aus?«

Drei kleine Bretter lagen noch am Boden. Daniel packte alle drei unter die rechte Schulter und trug sie Toti entgegen.

Toti sah ihm besorgt zu: »Pass auf, dass du nicht hinunterfällst!«

Daniel erreichte den Ast ohne Probleme. Toti stieg auf ihn zu. Er zog ihm geschickt die Bretter unter der Schulter hervor, legte sie an die richtigen Stellen und reichte Daniel die Hand: »Komm! Ich halte dich!«

Daniel griff nach Totis Hand und wagte den Schritt auf den dickeren der beiden Eichenäste. Er hantelte sich Richtung Stamm und setzte sich zu Toti auf den eben verlegten Boden.

»Nicht schlecht, oder?« Toti sah Daniel herausfordernd ins Gesicht.

Daniel lächelte: »Morgen kann ich dir neue Holzlatten bringen. Wir haben auch Blech zu Hause. Dann hast du ein sicheres Dach.«

Toti lachte: »Was du nicht sagst. Dich schickt Allah!«

Gemeinsam montierten sie das andere Ende des Seils auf der Fichte, sodass es von nun an als Geländer dienen konnte.

Sie verabschiedeten sich mit einem Händedruck und verabredeten sich für den kommenden Nachmittag. Daniel schlenderte nach Hause. Er blieb mehrmals stehen. Jedes vorbeihuschende Tier ließ ihn innehalten. Jeder Blume schenkte er Aufmerksamkeit. Rund um den Waldtümpel neben dem Wanderweg leuchtete ein breiter Kranz weißer, violetter und gelber Krokusse. In den lichteren Zonen, die immer schon sein liebster Spielplatz gewesen waren, riss ihn das Rot der Sonne aus den Gedanken. Der Abend färbte den Waldboden, die Stämme und den Himmel blutrot. Daniel blieb stehen und blinzelte dem Schauspiel entgegen. Am liebsten wäre er im Wald geblieben.

Fridolin beobachtete seinen Sohn. Daniel versuchte ein schwarzes Trapezblech von zwei mal zwei Metern zu schultern. Es war ihm offensichtlich zu schwer oder zu unhandlich, weshalb er es sich anders überlegte. Er nahm zwei kleinere Exemplare, band sie mit einem Gurt zusammen und hievte sie sich auf den Rücken. Das schien ihm eine Möglichkeit. Er stoppte kurz, um sich die Schuhbänder festzubinden.

Sein Vater versperrte ihm den Weg. »Wo bringst du das Blech hin?«

»Ich brauche es! Darf ich es haben?«

Fridolin hob streng die Hand. »Wieso fragst du mich nicht vorher?«

»Ach komm, das liegt doch seit Jahren nur herum. Ich dachte, du brauchst es sowieso nicht.«

Fridolins Brust füllte sich mit Stolz. Sein Sohn war ein geschickter Junge, schön, stark und schlau. »Kann ich dir helfen? Soll ich dir das Blech mit dem Auto irgendwohin bringen?«

Daniel überlegte. Sein Vater hatte ein attraktives Angebot gemacht. Es würde Mühe bedeuten, die beiden Blechteile durchs Dorf, auf die gegenüberliegende Talseite und durch den Wald zu schleppen. Seine zwölfjährige Ahnung sagte ihm allerdings, dass es besser wäre, den Vater nicht einzuweihen.

Rosalie lag im Wohnzimmer. Fridolin berichtete ihr, was eben vorgefallen war. »Unser Sohn wird ein Zimmermann! Er schleppt jetzt schon Blechdächer durchs Dorf.«

»Unser Sohn wird sicher kein Zimmermann, denn Zimmermänner leben auf den Dächern fremder Häuser und kümmern sich nicht um ihre Familie. Unser Sohn wird ein intelligenter und liebevoller Mann.«

Fridolin wusste nicht, was er solchen Angriffen entgegnen sollte. Er nahm genervt die Autoschlüssel.

Rosalie schrie ihm nach: »Nächsten Samstag arbeitest du sicher nicht, das sage ich dir! Du kannst dich nicht jedes Wochenende drücken. Morgen Mittag sind wir bei meinen Eltern eingeladen. Wage es nicht, heute erst irgendwann in der Nacht nach Hause zu kommen.«

Fridolin nahm mit Verdruss zur Kenntnis, dass ein Besuch bei den Schwiegereltern den Sonntag vermasselte. Der Anblick seines schwitzenden Sohnes, der sich mit dem sperrigen Trapezblech die Siedlungsstraße hinunterplagte, hob seine Stimmung. Er ließ den Fensterheber nach unten und rief ihm zu: »Den Gurt musst du mir wieder zurückbringen, verstanden? Ich hab dich lieb, mein Kleiner!«

Daniel winkte seinem Vater zu. Er wischte sich das verklebte Haar aus der Stirn und lachte.

Sie hatten drei Stunden gearbeitet, da erwähnte Daniel wie nebenbei: »Fast wollte mein Vater das Blech mit dem Auto herbringen.«

Toti ging nicht sofort darauf ein. Er bat Daniel, Reisig zur Tarnung zu sammeln. Die beiden Blechteile fügten sich in das Geviert aus frisch vernageltem Lattenboden und Eichenästen. Der Bau musste nun möglichst unsichtbar gemacht werden. Sie schleppten einen großen Tannenzweig nach oben. Während sie verschnauften, fragte Toti: »Hast du deinem Vater erzählt, mit wem und wo du die ganze Zeit spielst?«

Daniel wehrte die Frage ab. »Ich habe ihm gar nichts erzählt. Niemandem habe ich irgendetwas erzählt!«

Toti griff plötzlich nach Daniels Händen und sah ihn an: »Das ist gut.« Er versuchte zu lächeln.

»Ich bin kein Dummkopf«, sagte Daniel.

Sie nagelten den Tannenzweig fest.

»Man darf das Baumhaus von unten nicht mehr sehen«, sagte Toti, »wir müssen es so gut tarnen, dass es selbst der beste Jäger des Waldes nicht bemerkt.« Daniel nagelte wie wild drauflos. Der beste Jäger des Waldes war sein Großvater.

Fridolin parkte seinen Wagen, für alle Nachbarn gut sichtbar, in der extrabreiten Einfahrt vor dem Haus. Links und rechts führten pompöse Treppen auf eine große Terrasse. Er hatte am spektakulären Dachstuhl des Anwesens mitgearbeitet. Kaum eine andere Dachkonstruktion des Tales hatte so viele Winkel, Gauben und Vorsprünge. Unter den hunderten Quadratmetern Fichtenlatten waren warme, helle Räume entstanden. Es musste herrlich sein, unter den duftenden Holzplanken ein weiches Fell auszubreiten, im Kamin Feuer zu schüren und eine Frau zu lieben. Doris Rainer zeigte Fridolin den Sturmschaden. Ein nicht allzu großer Birkenast war auf der Westseite des Hauses aufs Dach gebrochen. Er hatte nichts beschädigt, musste aber selbstverständlich entfernt werden. Die Inspektion bedurfte weniger Augenblicke. Daran anschließend führte Frau Rainer Fridolin in die Küche. Fridolin erkundigte sich nach Doris' Mann. Er sei vor einer Stunde mit Severin ins Kino nach Linz gefahren. Die ganze Situation hatte etwas Groteskes, an dem sich Fridolin erregte.

Doris Rainer kam aus Kreuzenstein. Sie war mit Fridolin in die Hauptschule gegangen. Während der Schulzeit waren sie mehrmals aneinandergeraten. Sie hatten sich im Freibad, bei Feuerwehrfesten oder im Vereinshaus des Fußballclubs schmusend unter die Kleidung gefasst. Doris heiratete Sebastian Rainer, der im Laufe weniger Jahre zum Leiter der Bankfilialen Pielitz, Bad Hiemsbach und St. Marien aufstieg, die er schließlich, unter Kündigung einiger weniger Mitarbeiterinnen, im »Bankenverbund Pielitztal« zusammenschloss. Sie hatten einen Sohn, Severin, der mit Daniel die 2a des Ordensgymnasiums in St. Marien besuchte. Fridolin hatte von Doris einen Anruf aufs Arbeitstelefon erhalten. Der Sturm hätte das Dach schwer beschädigt. Er hatte nicht damit gerechnet, sie alleine vorzufinden. Sie tapste gestelzt in der Küche herum. Ihr Dekolleté entsprach nicht dem Kleidungsgebaren eines oberösterreichischen Samstagnachmittags. Die ganze Situation ähnelte dem durchschaubaren Skript eines Softpornofilms.

Doris musste damit rechnen, dass Fridolins Besuch registriert wurde. Der schwere Pick-up in der Hauseinfahrt signalisierte dies jedem Dorfbewohner deutlich. Den umgeknickten Birkenzweig am Westdach, der Fridolins Anwesenheit eine gewisse Berechtigung oder Plausibilität verpasste, bemerkte sicherlich niemand. Dabei bestand das soziale Leben des Dorfes zu neunundneunzig Prozent aus Gerede über ebensolche Kleinigkeiten: Jemand hatte Herrn X unvermutet bei Frau Y gesehen. Frau Zs Auto stand merkwürdigerweise frühmorgens immer noch am Fußballplatz. Herr M erschien im Supermarkt mit einer Unbekannten. Frau K hatte sieben Lottoscheine gekauft. Solche und ähnliche Vorfälle bildeten den kommunikativen Zusammenhalt und Zeitvertreib der Gemeinde. Wenn Doris wollte, dass Fridolins Besuch bemerkt würde, gab es dafür mindestens zwei sinnvolle Begründungen: Sie wollte die Eifersucht ihres Mannes anstacheln oder Rache an ihm üben. Fridolin überging beide. Es war ihm egal, warum Doris tat, was sie tat. Er fühlte ihren

Atem plötzlich viel zu nahe an seiner Wange. Sie hatte ein wunderschönes Gesäß, und er hatte seit über zwei Wochen keinen Geschlechtsverkehr gehabt. Er griff liebevoll und fest nach einer ihrer Pobacken. Sie liebten sich noch in der Küche. Sie schrie und übertrieb den anrüchigen Ausdruck ihrer Gesten, was gut zum inszenierten Charakter der Übereinkunft passte.

Erst später im Wagen schenkte Fridolin den Gedanken oder Gefühlen seiner Frau Beachtung. Er plagte sich nicht lange. Eher schob er das Schuldgefühl beiseite oder rechtfertigte sich vor sich selbst. Dann fuhr er an einem Dachstuhl vorbei, den er selbst einst aufgesetzt hatte. Der Sturm hatte ihm nichts anhaben können. Fridolin nickte zufrieden. Am Parkplatz vor dem Kirchenwirt in Bad Hiemsbach sog er den Schwefelgeruch der Therme ein. Er betrat das Gasthaus mit einem Hochgefühl. Unter anderem deshalb schätzten und liebten ihn seine Freunde. Kaum hatten sie jeder zwei Bier getrunken, plauderte Fridolin seine Eroberung aus. Mit nur leicht gesenkter Stimme erzählte er, dass er soeben die Frau des Bankdirektors auf dem Küchentisch gefickt hätte. Ein großer Birkentisch von eineinhalb mal zwei Metern: »Dabei habe ich ihm den Tisch vor Jahren mit viel Sorgfalt selbst gebaut und dann ein bisschen zu teuer verkauft. Jetzt habe ich seine Frau darauf genagelt. Ist es nicht herrlich, ein Prolet zu sein?«

3

Mein Bruder und ich erreichten gleichzeitig den Vorplatz. Er kam von St. Marien, ich von Pielitz. Mein Bruder fuhr einen riesigen, schwarz lackierten SUV der Marke BMW. Ein größeres Auto hätte man sich schwerlich vorstellen können. Mein Renault nahm sich im Gegensatz dazu wie Spielzeug aus. Wir parkten und grüßten uns förmlich. Wir hatten einander über ein Jahr nicht gesehen und wussten nicht, wie wir uns begegnen sollten. Erwin, unser Vater, trat vor die Tür, um uns in Empfang zu nehmen. Er lächelte und schien wie immer sehr gerührt. Seine Schläge auf die Schultern waren fest und männlich. In seinen Augenwinkeln lagen Tränen, die er mit dem Handrücken verschmierte. Rosalie trat aus dem Halbdunkel des Flurs. Sie umarmte uns. Ich erinnere mich an die Zwiespältigkeit ihrer Erscheinung: Die Freundlichkeit und Sympathie in ihrem Ausdruck passten schlecht zu ihrer matten körperlichen Ausstrahlung. Ich hatte den Eindruck, meine kleine Schwester freute sich tatsächlich, uns zu sehen. Gleichzeitig wirkte sie müde, so als hätte sie seit Tagen nicht geschlafen.

Wir betraten die Wohnräume. Fridolin saß am Esstisch und las Zeitung. Er erhob sich und grüßte freundlich. Mein Bruder gab ihm nicht die Hand. Rosalie machte sich sofort an den Töpfen zu schaffen. Selbstredend war sie es, die für alle gekocht hatte. Daniel kam in die Küche und deckte den

Tisch. Seine Anwesenheit milderte die angespannte Atmosphäre. Jeder wollte ihm über den Kopf streicheln oder ein witziges Wort an ihn richten. Er ließ es sich gefallen und parierte alles mit spitzbübischer Gelassenheit. Mein Vater öffnete die Schiebetür und bat uns ins Wohnzimmer. An der Einrichtung hatte sich kaum etwas verändert. Der Fernseher stand an seinem Platz. Die Bilder waren die gleichen wie eh und je. Im Kamin flackerte ein Feuer.

Ich kannte die Beklommenheit und wusste, dass sie mich innerhalb weniger Sekunden einfangen würde. So weit konnte ich nicht in die Welt reisen, obwohl ich meinem sechsunddreißigsten Geburtstag entgegensah. Wie radikal ich mein Leben auch an fremden Gestaden aufgezogen hatte, die Macht der heimatlichen Wände beraubte mich jeder Unabhängigkeit. Beim Wegfahren hatte ich mir geschworen, gelassen eine menschliche Pflicht zu erfüllen. Die Definition der Pflicht als einer »menschlichen«, im Gegensatz zu einer »familiären«, hatte den Ausschlag gegeben. Denn fast wäre ich auch diesmal nicht gekommen. Von familiären Verpflichtungen wollte ich nichts mehr hören. Das Familiäre war das Mafiöse, das Verhängnisvolle, das Penetrante, vor dem zu fliehen ich meine Kindheit und Jugend hindurch geträumt hatte. Dem Menschlichen hingegen hatte man sich zu beugen, ob man in Pielitz, New York oder Favoriten lebte.

Mir stand zu, Verhältnisse, die ich mir niemals ausgesucht und die mich ein Leben lang gequält hatten, hinter mir zu lassen. Jeder hat das Recht, neu zu beginnen oder seinem Leben eine neue Form zu geben oder sich eine neue Ästhetik angedeihen zu lassen oder sich eine neue Geschichte zu erfinden. Man war seinen Umständen nicht bis ans Lebensende ausgeliefert. Ich wollte nicht bis an mein Lebensende darunter leiden, in Pielitz als Sohn von Erwin und Theresa Weichselbaum neben einem Schweinestall auf die Welt gekommen zu sein.

So oder ähnlich dachte ich am Tag zuvor, nachdem mich mein Vater angerufen hatte. Mich überfiel das schlechte Gewissen oder vielleicht noch eher die Einsamkeit. Ohne es zu wollen, evaluierte ich die Wochenendplanung. Wie immer war der Sonntag öd und unverplant. Einem Ausflug aufs Land stand nichts im Weg.

Mein Bruder blieb im Türrahmen stehen und verschränkte die Arme. Diese Haltung hatte er schon als Kind eingenommen. Sie kopierte mehr oder weniger bewusst eine typische Verhaltensweise unseres Vaters. Die Innerlichkeit meines Bruders war noch undurchdringlicher als die meines Vaters. Max äußerte sich selten, und wenn er sich äußerte, betrafen seine Wortmeldungen die Arbeit oder die Politik. Sein Blick war fast immer ernst oder streng. Während er sprach, gab er seinem Gegenüber das Gefühl, es geringzuschätzen. In den Augen meines Bruders waren alle Menschen simpel, verwöhnt und faul.

Nachdem er die Höhere Technische Lehranstalt in Linz abgeschlossen hatte, versuchte Max sich als Student der Technischen Universität in Wien. Mein Bruder hielt nicht einmal ein Jahr durch. Das städtische Leben war ihm fremd. Die U-Bahn benutzte er nicht, da sie ihm schmutzig erschien. Bettlern begegnete er mit äußerster Verachtung. Seine Kommilitonen und Kommilitoninnen beschuldigte er allesamt, verwöhnte Faulpelze zu sein. Auf Partys sah man ihn nie. Noch vor der ersten Prüfung begann er in einem metallverarbeitenden Betrieb in Eferding zu arbeiten. Dort wurden extrem hochwertige Stromspulen hergestellt, die Großbetriebe mit aufwendiger elektrischer Versorgung vor Kurzschlüssen schützten. Er stieg schnell zum stellvertretenden Geschäftsführer auf. Der Geschäftsgründer gehörte zu den wenigen Personen, die mein Bruder nicht als simpel bezeichnete. Er war wie mein Bruder zu nächtelanger Arbeit bereit. Beide kannten weder Samstag noch Sonntag und gingen so gut wie nie auf Urlaub.

Zwischen Fridolin und meinem Bruder bestand eine tiefe Feindschaft. Auch Fridolin lebte für die Arbeit, doch im Gegensatz zu meinem Bruder war Fridolin ein heiteres Gemüt. Fridolin gab der täglichen Fron eine Aura von Leichtigkeit. Er war Zimmermann und liebte, was er tat. Meinem Bruder hingegen schien Liebe ein zweifelhaftes Gefühl. Keinesfalls verband er Liebe mit Arbeit. Arbeit hatte entbehrungsreiche Plackerei bis zur Selbstaufgabe zu sein, oder es handelte sich nicht um Arbeit. Vielleicht ließ sich der Unterschied zwischen beiden am besten so zusammenfassen: Fridolin war mit Leib und Seele Handwerker. Meinen Bruder hingegen hatte die rasante ökonomische Nachkriegsordnung in Österreich vom Schweinebauern zum Ingenieur katapultiert. Die historische Unwahrscheinlichkeit dieser Karriere bezahlte er damit, über den Reichtum, den er täglich scheffelte, keinen Funken Freude zu verspüren.

Vor vier Jahren hatte Max im kleinsten Kreis geheiratet. Bei der Hochzeit waren angeblich nur die Schwester der Braut, sein Geschäftspartner und Sebastian Rainer. Er bemühte sich, so gut es ging, sie von uns fernzuhalten. Wir waren ihr nur einmal begegnet. Zum sechzigsten Geburtstag unseres Vaters nahm er sie mit auf den Hof, ein unauffälliges Geschöpf. Im Laufe jenes Nachmittags richtete Fridolin angeheitert das Wort einmal an sie. Dafür erntete er scharfe Geschütze meines Bruders. Es kam zu einem Handgemenge, in dem mein Bruder keine gute Figur machte. Gegen die starken Oberarme eines Zimmermanns war er trotz seiner kräftigen Statur machtlos. Ich schämte mich für diesen Zwischenfall so, dass ich mir schwor, diesen primitiven Umständen endgültig und für immer den Rücken zu kehren.

Zum aufwühlenden ersten Eindruck des wohlvertrauten Zimmers kam die gespenstische Anwesenheit meiner Mutter. Sie lag neben dem Kamin auf dem breiten Sofa, das zu einem Bett umfunktioniert war. Ich trat auf sie zu, wie man auf kranke Menschen zugeht. Der Schritt ist gedämpft. Scheu bremst die Annäherung. Gleichzeitig drängt uns Zuneigung oder zumindest Anteilnahme. Ich hatte sie noch nie in so einem Zustand gesehen. Alles an ihr wirkte dürr und vertrocknet. Zum ersten Mal in meinem Leben wurde mir bewusst, dass meine Mutter ein mir fremder Mensch sein konnte.

Ihre Augen standen offen, weshalb es schwer war, ihre Stille zu verstehen. Hätte sie geschlafen, hätte man sie in Ruhe lassen können. Doch ihre Augen starrten einen an, weshalb man unweigerlich annahm, sie wäre für Ansprachen bereit. Umso quälender war es, dass sie keine Antworten gab. Ich setzte mich zu ihr ans Bett und fragte sie, wie es ihr ging. Sie sah mich an, ihr Mund verzog sich kurz. Dann verlor sich die flüchtige Bewegung ihrer Lippen. Es blieb ein rätselhafter Gesichtsausdruck. Ich versuchte es erneut, denn es war so schwer zu glauben, dass sie nicht sprechen konnte. Sie wandte ihre Augen nicht ab. Mit ihrer Aufmerksamkeit schien alles in Ordnung. Doch sie blieb stumm.

Erwin, unser Vater, wollte diese unheimliche Stille mildern. Er trat neben das Bett und redete. Ihr ginge es heute leider wieder etwas schlechter. So einen hartnäckigen Virus hätte man selten erlebt. Am Montag würden sie zu einem Heiler fahren. Die Ärzte würden immer inkompetenter, je mehr Geld sie nähmen.

Mein Bruder räusperte sich verächtlich: »Hokuspokus«, sagte er laut.

Meine Schwester kam ins Wohnzimmer. Für einen Augenblick standen wir alle um unsere Mutter herum. Wohl in Erwartung, sie würde etwas sagen. Aber meine Mutter schwieg, starrte uns an und wandte dann ihren Blick zum Fenster hinaus.

Mein Bruder sagte: »Sie sieht nicht aus, als hätte sie hohes Fieber ...«

Rosalie senkte den Kopf und entgegnete: »Sie hat überhaupt kein Fieber.«

Es war überaus unangenehm, in der dritten Person über meine Mutter zu sprechen, die doch einen Meter neben uns lag und uns beobachtete. Von der Situation überwältigt, zogen wir uns in die Küche zurück. Rosalie ging so weit, die Schiebetür schließen zu wollen, was unser Vater allerdings verhinderte.

Während des Essens lag die stumme Anwesenheit unserer Mutter über allem. Einzig Daniel schien weniger gehemmt, weshalb seine Nähe unentwegt gesucht wurde. Er genoss die Aufmerksamkeit. Immer wieder versicherte er sich der Zuneigung seines Vaters. Er lehnte sich gegen seinen Oberkörper oder warf ihm einen kurzen Blick zu. Fridolin strich Daniel über den Rücken. Nach dem Essen ging mein Bruder in den Hof hinaus, um eine Zigarette zu rauchen. Wir begleiteten ihn, obwohl sonst niemand rauchte. Im Hof konnten wir über unsere Mutter sprechen.

Rosalie schien mitgenommen. »So geht es seit einer Woche! Sie sagt nichts mehr! Sie spricht einfach nicht. Das ist keine normale Krankheit, wie der Papa die ganze Zeit behauptet. Oder was soll das für eine Darmgrippe sein, bei der man die Sprache verliert? Außerdem redet sie in manchen Momenten ja doch. Mit Daniel spricht sie zum Beispiel! Und auch mit Papa! Aber mit mir keine Silbe.« Tränen standen ihr im Gesicht. Fridolin wollte sie in den Arm nehmen, sie ließ es nicht zu. Rosalie weinte, und über dem Hof brauten sich dunkle Wolken zusammen.

Unser Vater verfolgte das Gespräch zunächst von der Waschküche aus. Er stieg umständlich ins Blaugewand und bereitete sich darauf vor, viel zu früh in den Stall zu gehen. Als Rosalie betroffen schluchzte, schritt er ein.

»Was soll das«, empörte er sich, »wie könnt ihr hinter dem Rücken eurer Mutter so blöd daherreden. Theresa ist schwach, sie hat seit Dienstag nichts gegessen! Wir müssen schauen, dass sie wieder isst. Morgen fahren wir zum Heiler, und ihr werdet sehen, alles renkt sich wieder ein.« Seine Nervosität verdeutlichte, dass er selbst am meisten darauf hoffte.

Max konnte nur verächtlich lachen: »So ein Blödsinn! Das glaubst du ja selbst nicht!«

Woraufhin unser Vater wütend schrie: »So ein undankbares Pack wie ihr ist mir noch nicht untergekommen! Mit euch ist man gestraft!« Zornig stampfte er in den Stall und stieß das Tor hinter sich zu. Spätestens zu diesem Zeitpunkt war die Situation so unerträglich, dass ich am liebsten sofort aufgebrochen wäre. Meine verfluchte Familie hatte in all den Jahren keine Umgangsformen ausgebildet, ein zivilisiertes Gespräch zu führen. Selbst die Krankheit unserer Mutter hatte keinen vereinigenden Effekt, sondern trieb die Bruchlinien nur stärker zutage.

Es kam noch schlimmer.

Sowie unser Vater in den Stall abgerauscht war, fühlte sich Max frei, seine Ansichten zum Besten zu geben. Der Doktor Peyerleitner sei ein schwuler Simpel ohne einen Funken Verstand. Man erzähle sich überall, dass der Doktor Peyerleitner Flüchtlinge gratis behandle, während er die heimische Bevölkerung ordentlich zur Kasse bat. Man könne sich an einer Hand ausrechnen, wie er sich seinen sozialdemokratischen Flüchtlingsdienst bezahlen ließ. Eine Drecksau sei dieser sogenannte Arzt. Ein Pielitzer musste sechs Wochen auf einen Termin warten. Die muslimischen Flüchtlinge konnten jeden Tag und sogar in der Nacht zu ihm kommen. Dass man aber deshalb an die Kraft von Heilern glaube, sei eine unglaubliche Eselei. Die allergrößte Schwuchtel sei allerdings der Pater Heinrich. Er habe den Bestien das schöne, alte Wirtshaus zur Verfügung gestellt, daran könne man die Perversität der heutigen Zeit ablesen. Dass ein christlicher Priester Mohammedaner einquartierte, noch dazu in St. Marien! Obwohl diese Verbrecher in der Wüste jedem Christenmenschen den Kopf abhackten! Daran könne man sehen, wohin die Verschwulung Europas geführt hätte.

Doktor Peyerleitner war seit zwanzig Jahren verheiratet und hatte drei Kinder. Da er Mitglied der grünen Partei war und sich für Ärzte ohne Grenzen und den Flüchtlingsnotdienst engagierte, nannte ihn mein Bruder eine Schwuchtel. Pater Heinrich leitete die Wirtschaftsagenden des Ordens in

St. Marien. Das aufgelassene Wirtshaus gehörte seit Jahren dem Orden und stand am Rande jener Siedlung, in der sowohl Pater Heinrich als auch mein Bruder wohnte. Eigentlich galten diese Angriffe mir und Fridolin. Fridolins Familie gehörte zur sozialdemokratischen Minderheit im Dorf. Ich lebte in der Stadt, war Lehrer und nach fünfunddreißig Jahren noch immer nicht verheiratet. Fridolin grinste hämisch. Er schien nur darauf gewartet zu haben, meinem Bruder die Faust in den Bauch zu stoßen. Rosalie schluchzte. Daniel hatte zum Glück das Weite gesucht.

Ich ging ins Haus zurück und trat noch einmal ans Bett meiner Mutter. Ich wollte mich verabschieden. Ihr stummer Blick wird mir in Erinnerung bleiben. Zum ersten Mal erhaschte ich eine Ahnung von dem, was mir in kindlicher Blindheit verborgen geblieben war oder was ich in bequemer Ignoranz jahrelang verdrängt hatte: Auch meine Mutter litt unter den Umständen. Auch sie hatte eine Seele, so wie ich und alle anderen Menschen. Sie sehnte sich nach diesem und jenem, und sie empfand, fühlte und verzweifelte bisweilen, wie wir alle. Doch weil mir mein eigenes Leid näher war, ließ ich sie liegen und fuhr davon.

4

Theresa spitzte die Ohren. Durch die Wohnzimmerdecke drangen die Schritte ihres Mannes. Er ging noch einmal aufs Klo, spülte und schloss die Tür zum Schlafzimmer. Bei genauerem Hinhören vernahm man das Ächzen des Bettes. Ein unerträglicher Tag näherte sich seinem Ende. Theresa erwartete Erwins langgezogenen Atem. Nach nur zwanzig Minuten war es so weit. Theresa erhob sich und schlich in die Küche. Vom Mittagessen war Erdäpfelsalat übrig geblieben. Sein Geruch weckte ihr Verlangen. Nach fünf oder sechs vollen Bissen fiel ihr Blick auf das große Stück Speck, das Fridolin gebracht hatte. Sie schnitt sich eine dicke Scheibe ab. Das lange Fasten hatte ihre Geschmacksnerven gestärkt. Selten hatten ihr das geräucherte Fleisch, die in Essig getränkten Erdäpfel und der Kümmel am Brot so gut geschmeckt.

Irgendwo knackte es, Theresa erschrak. Sie fürchtete ihren Mann unbemerkt im Genick zu haben. Sie hörte auf zu kauen und hielt inne. Sie trat aus der Küche auf den Gang hinaus. Vom oberen Stockwerk kam regelmäßiges, tiefes Schnarchen. Aber alte Leute schlafen unstet. Zwar hatte Erwin im Laufe des Tages mindestens vier Bier getrunken, doch er war aufgewühlt zu Bett gegangen. Theresa stellte die Salatschüssel in den Kühlschrank zurück. Das Brotmesser legte sie in die Lade. Die kleinen Spuren, Brotkrumen und ein winziges Stückchen Zwiebel, wischte sie mit der Hand beiseite.

Der Hunger war nicht gänzlich gestillt. Theresa lauschte in die Stille. Eine unbändige Lust nach frischer Luft überkam sie. Wie es draußen wohl roch? War nicht längst der Frühling übers Land gezogen? Sie warf den dicken Wintermantel über das Nachthemd, stieg in Holzpatschen und trat vor die Tür.

An den Bäumen hingen dicke Tropfen. Auf dem Vorplatz neben den Garagen standen Lachen. Die Wiese vor dem Haus funkelte in der Dunkelheit. Theresa atmete tief ein. Wasser schoss ihr in die Augen. Die Feuchtigkeit der Luft reizte ihre Nasenflügel. Der Geruch nasser Erde weckte Erinnerungen. Sie bog um die Ecke und ging zum Teich. Die glatte Oberfläche spiegelte den unruhigen Himmel. Theresa wollte über das ganze Tal sehen und stieg den Hügel hinauf. Die Holzpatschen sanken im weichen Boden ein. Der Morast heftete sich schwer an die Sohlen. Auf der Anhöhe setzte sie sich auf das Bänkchen und sog die Luft ein. Die Nacht war nicht kalt. Nur Feuchtigkeit streifte ihre Wangen. Vom Wiedererwachen ihrer Sinne überwältigt, begann Theresa zu weinen. Sie ließ den Tränen freien Lauf. Nach einer Weile wischte sie sich die Tropfen vom Gesicht und huschte den Hang wieder hinunter. Am Vorplatz streifte sie sich den Schlamm von den Patschen. Leise öffnete sie die Haustür. Bis auf den Kühlschrank hörte man nichts. Theresa zog den Mantel aus und ging auf die Toilette. Ohne Licht zu machen, trappelte sie ins Wohnzimmer zurück. Das Bett war ausgekühlt. Sie strich ihr zerzaustes Haar nach hinten und schlüpfte unter die Decke. Mit dem Handrücken fühlte sie nach ihren Wangen. Noch lag ein Hauch frischer Luft darauf, vermischt mit Tränen. Sie schloss die Augen. Kurz versuchte sie die Atmung ihres Mannes zu orten. Nichts rührte sich, so schlief sie ein.

Erwin schlief nicht. Versteinert stand er am Fenster und

blickte in die Nacht hinaus. Er konnte sich nicht mehr hinlegen. Der Kirchturm unten im Dorf schlug Mitternacht. Der Klöppel sandte zwölf blecherne Schläge durchs Pielitztal. Er starrte in die Finsternis. Was er gesehen hatte, raubte ihm den Verstand. Seine Gattin, eben noch eine stumme Leiche neben dem Kamin, war in Holzschuhen und offenen Haaren den Hang hinaufgestiegen. Im Nachthemd hatte sie sich unter den nächtlichen Sternenhimmel gesetzt. Sie hatte die Hände vors Gesicht geschlagen und geweint. Das Schluchzen seiner dürren Frau war leise zu Erwins Fenster herübergehallt.

Am nächsten Tag trat er vor sie hin. »Bitte mach dich fertig! Wir fahren jetzt zum Heiler!«

Theresa öffnete die Augen und nickte. Zwanzig Minuten später saßen sie im Auto Richtung St. Marien. Erwin musste die Sache ansprechen. »Ich hab dich gesehen. Du bist heut Nacht zum Bänkchen hinauf. Ich verstehe dich nicht mehr. Das macht mich fertig.«

Theresa antwortete: »Ich musste an die frische Luft, nach einer Woche Herumliegen. Ist das so schwer zu verstehen?«

»Mitten in der Nacht? Wieso sagst du mir nicht endlich, was los ist? Was hast du? Wirst du wieder gesund?«

Theresa blickte aus dem Fenster und verzog spöttisch den Mund: »Was heißt denn gesund? Was heißt denn krank? Der Arzt hat gesagt, ich bin gesund. Mir fehlt nichts!«

Erwin zog die Augenbrauen hoch. Ärger breitete sich aus. »Wenn dir nichts fehlt, dann gehst du von nun an wieder in den Stall! Jemand muss den Futterboden kehren, im Garten gehört endlich gesetzt, die Ferkel brauchen einen sauberen Kobel, unten am Obstgarten muss der Zaun erneuert werden, es ist fast alles geackert, wann säen wir die Gerste?

Den Weizen? Das Wetter hält! Wir wollten das Dach der Holzhütte erneuern! Ich möchte wieder etwas Warmes essen. Die Arbeit nimmt kein Ende. Seit wann lässt du dich so gehen? Warum?«

»Warten wir ab, was der Heiler sagt!«

Der Heiler lebte in einem abgeschiedenen Haus außerhalb von St. Marien. Man besuchte ihn wegen lästiger Warzen, er wusste Verrenkungen einzurichten, gab Ernährungstipps und verstand die Aura der Menschen zu lesen. Für jegliche Diagnose nahm er achtzig Euro. Erwin und Theresa klopften an seine Tür. Er öffnete lächelnd und bat die Gäste ins Haus. »Bitte! Setzt euch!«, sagte er und ging sofort in medias res. »Deiner Frau geht es nicht gut! So viel steht fest!«, er bot ihnen einen Platz am Tisch im Esszimmer an. Ohne ihnen nähere Beachtung zu schenken, fuhr er fort: »Die Frau ist müde. Sie sollte fest schlafen. Am besten, sie fährt auf Urlaub.« Dann erkundigte er sich nach dem Ausmaß der Holzschäden wegen des Borkenkäfers.

Erwin irritierte die triviale Auskunft des Heilers. Er wollte nicht über den Borkenkäfer sprechen, sondern auf die Krankheit seiner Frau zurückkommen. »Aber bitte, was hat sie denn nun eigentlich? Ist es eine Magen-Darm-Geschichte, wie wir vermuten? Wieso muss sie sich ständig übergeben? Hat sie sich vielleicht einen Virus eingefangen?«

Der Heiler lachte und schüttelte den Kopf: »Aber ich sagte dir ja, deine Frau ist müde. Sonst nichts. Sie braucht Schlaf, ein ordentliches Bett und Sonne.« Mehr war in Bezug auf Theresa nicht aus ihm herauszulocken. »Wollt ihr einen Schnaps?«, er zog eine Flasche Schnaps und drei Gläser aus der Anrichte.

Erwin zückte widerwillig seine Geldtasche. Er legte achtzig Euro auf den Tisch. Beim Hinausgehen hielt der Heiler Theresa zurück. »Geh du schon zum Auto!«, befahl er Erwin, schob ihn aus dem Haus und verschloss brüsk die Tür. Der Heiler sah Theresa einen Augenblick ins Gesicht. Er raunte ihr zu: »Geh weg! So schnell wie möglich! Sonst wird's gefährlich!« Er berührte sie behutsam am Hinterkopf. Dann öffnete er die Haustür.

Erwin stand verdutzt am Fußabtreter. Er warf dem Heiler einen bösen Blick zu. »Auf Wiedersehen!«, brummte er und griff nach dem Arm seiner Frau. Theresa entzog sich seinem Zugriff und ging zum Auto.

Erwin fluchte über den unverschämten Hokuspokus des Heilers. »Und so eine Banalität kostet achtzig Euro! Man sollte ihm das Handwerk legen!« Zu Hause stieg er sofort ins Stallgewand und stampfte wortlos zu den Schweinen.

Theresa legte sich für ein Weilchen ins Wohnzimmer. Dann ging sie in den oberen Stock hinauf. In einem der ehemaligen Kinderzimmer lagerten die alten Koffer. Sie zog den kleinsten aus dem Schrank. Zu Mittag betrat ihr Mann die Küche. Sie hatte alle wichtigen Dinge beisammen.

»Hast du gekocht?«, fragte er sie.

»Nein, ich habe gepackt! Ich fahre ein Weilchen weg, so wie es der Heiler gesagt hat.« Theresa griff nach ihrem Autoschlüssel. »Ich rufe dich heute Abend an.« Theresa ging in die Garage hinaus und setzte sich in ihren Wagen.

Erwin fühlte den Boden unter den Füßen zittern. »Du fährst weg? Aber wo fährst du denn hin? Wieso hast du einen Koffer dabei? Wann bist du wieder da?« Er war seiner Frau gefolgt und redete auf sie ein. Allerdings traute er sich nicht, sie festzuhalten, wie er es am liebsten getan hätte.

»Ich rufe dich heute Abend an!«, sagte sie noch einmal und schlug die Autotür zu.

Erwin wollte die Tür wieder öffnen, doch Theresa startete den Motor. Sie fuhr rückwärts aus der Einfahrt. Erwin ging aus dem Weg. Er griff sich an die Stirn und schüttelte den Kopf. Seine Frau war verrückt geworden.

Zur selben Zeit verließen achtzehn weitere Familien ihre Heimatstadt Darʾā. Die neu aufflammenden Gefechte zwischen Rebellen und Regierungstruppen kosteten rund dreihundert Personen das Leben, mehr als fünfhundert wurden schwer verwundet. Seit Wochen schwand für die Gegner des Regimes jede Hoffnung. Im siebten Kriegsjahr war der russische Präsident Wladimir Putin aufseiten Bashar al-Assads, des Diktators, in den Syrien-Krieg eingestiegen. So verloren zwei weitere Onkel Totis Anfang April ihr Leben. In Bagdad, neunhundert Kilometer östlich am Tigris gelegen, stellte ein Mann um die Mittagszeit seinen LKW quer zur Fahrbahn. Er stieg aufs Dach und schoss mit einem Maschinengewehr auf alle Verkehrsteilnehmer, die sich ihm näherten. Das Blutbad dauerte zwei Minuten, tötete sieben Menschen und ließ mehr als zehn schwerverletzt zurück. In Kabul wiederum, der Hauptstadt Afghanistans, sprengte am Abend zuvor ein junger Paschtune das französische Kulturinstitut während einer Theateraufführung in die Luft. Unter den Toten war niemand über fünfundzwanzig Jahre alt. Das Kulturinstitut hatte als sicherer Ort gegolten.

Max Weichselbaum rezipierte die jüngsten Ereignisse des Weltgeschehens mit einem müden Auge. Sonntagnacht, Montag und Dienstag hatte er ohne Unterbrechung gearbeitet.

Mittwochnachmittag gelang ihm der Durchbruch. Er schloss fast parallel zwei Verträge mit Handelspartnern in China und Schweden ab. Er verkaufte drei Spulen samt Montage. Zusammengerechnet belief sich der eingefahrene Umsatz auf weit über zweihunderttausend Euro. Dennoch verspürte er ein Unbehagen. Sein Vater hatte am Dienstag zweimal angerufen. Max hatte nicht abgehoben. Jetzt war seine Frau nicht da. Offenbar war sie zu ihren Eltern nach Linz gefahren. Der mangelnde Schlaf machte ihn unwirsch. Die vielen Zigaretten schmerzten beim Schlucken. Unter allem brodelte der Zorn über seinen Schwager. Max konnte nicht vergessen, wie sich Fridolin am Sonntag benommen hatte. Auf einer der vorderen Seiten der Billigzeitung schürzte eine barbusige Frau die Lippen. Max spürte, dass ihn die Brüste der Frau erregten. Er griff sich in den Schritt, um zu masturbieren. Sein Blick fiel prüfend aus dem Fenster, da schraubte sich sein Zorn um eine weitere Windung. In der Siedlung lebten seit kurzem Mohammedaner. Er sah zum dritten oder vierten Mal dieselbe arabische Visage.

Max öffnete das Fenster und pfiff hinaus: »Du Hurenkind! Verzupf dich von meiner Gartentür, oder es setzt was!«

Toti nickte nur. Er entfernte sich unaufgeregt. Max schnaubte. Dass Kameltreiber nun in St. Marien wohnten, war das beredteste Zeichen – Europa trieb dem Abgrund zu! Er versperrte alle Türen und zog die Vorhänge zu.

Toti blieb nach außen gelassen. Im Hosensack jedoch ballte er die Fäuste. Wenn hässliche Rothäute ihn verächtlich behandelten, schmerzten ihn die Eingeweide. Hunde pfiff man herbei. Menschen, zumal Männer, behandelte man mit Respekt und Achtung. Seine Mutter eine Hure zu nennen war der Gipfel der Gottlosigkeit.

Im alten Wirtshaus ließ er seinem verletzten Stolz freien Lauf. Yusuf aus Afghanistan kam gerade recht. »Mehr als Gras-Rauchen könnt ihr Scheiß-Schiiten nicht, was? Schiiten muss man abschlachten!«

Yusuf stand auf und presste Toti gegen die Hausmauer. »Was ist mir dir? Brauchst du Stress?«

Toti fühlte, dass Yusuf Kraft hatte. Von den Zehen über die Geschlechtsorgane bis in die Schultern durchzuckte ihn Leidenschaft. Sein ganzer Körper bebte. Sie begannen zu raufen. Wenige Augenblicke später schlugen sich sämtliche Männer, die im alten Wirtshaus anwesend waren. Die Frauen schrien und versuchten die Streitparteien so gut es ging auseinanderzuhalten.

Endlich rannte Pater Heinrich herüber. Er bewohnte vis-à-vis eine kleine Wohnung, um von Zeit zu Zeit nach dem Rechten zu sehen. Seine Anwesenheit sorgte augenblicklich für Ruhe. Toti blutete am Hinterkopf. Yusuf aus der Nase. Pater Heinrich packte beide in seinen Wagen und fuhr nach Pielitz zum Doktor.

Doktor Peyerleitner nähte Totis Platzwunde am Hinterkopf. Yusufs Nase war glücklicherweise nicht gebrochen. Sie verließen wortlos die Praxis.

Obwohl ihm der Doktor jede abrupte Bewegung verboten hatte, rannte Toti aus dem Dorf hinaus. Am Hinterkopf zog und spannte die pochende Wunde. Mit feinem Gespür für Orientierung bog er unterhalb des Obstgartens in den Wald. Sein Schritt beruhigte sich erst, als Fichten und Eichen ihn nach allen Richtungen umfingen. Die würzige Luft der Nadeln linderte den stechenden Schmerz. Toti gab sich den Tränen hin und stolperte über Wurzeln und Büsche. Er schrie und weinte, und plötzlich vermisste er seine Mutter so stark, dass er sich auf den weichen Waldboden legte. Er hasste das alte Wirtshaus und die Menschen, die ihn umgaben. Er hasste das kalte Land, in das ihn das Leben geschwemmt hatte. Am meisten hasste er die Leute, die hier lebten und die keine Seele in sich trugen. Sie lachten nie. Sie lebten wie Zombies in riesigen, leeren Häusern. Stumm mähten sie tagelang den Rasen oder schnitten mit hochrotem Kopf die Hecken. Näherte man sich ihren eingezäunten Grundstücken, fletschten sie knurrend die Zähne. Sie hielten sich nicht nur Hunde. Sie waren selbst wie Hunde.

Beim Baumhaus angekommen, beruhigte er sich. Er kletterte nach oben. Auf dem frisch verlegten Boden lagen zu seiner Überraschung eine Isomatte und ein dicker Schlafsack. Toti bereute, so hasserfüllt gewesen zu sein. Er entschuldigte sich bei Allah für die schlechten Gedanken. Er roch am Schlafsack und vermisste seinen neuen Freund. Toti streckte die Beine aus und blinzelte in die Baumkronen. Seine Mutter beobachtete ihn, dessen war er sich sicher.

Sie sah vom Himmel auf ihn herab und maßregelte ihn. Ihr Wesen litt keine Schimpfworte: »Toti, Toti, mein Kleiner«, hörte er ihre warme Stimme. »Reg dich ab und werd vernünftig!«

Toti kroch in den Schlafsack. Es freute ihn, dass der Specht dicht über ihm seinen Kopf ins Gefieder steckte. »Du hältst Wache, nicht?«

Nur noch wenige Tränen rollten ihm über die Wangen. Der Wind legte sich. Die Wipfel über ihm wippten ganz langsam hin und her. Der Specht rührte sich nicht mehr. So schlief auch Toti ein, und Nacht umfing das gesamte Tal.

Auch im alten Wirtshaus herrschte endlich Frieden. Totis Vater, Herr Samer Ammar Azmeh, nahm neben Yusuf Platz. Zur Versöhnung rauchten sie von derselben Pfeife. Über die Schlägerei verloren sie kein Wort. Yusuf kratzte bisweilen an dem Pflaster, das ihm Doktor Peyerleitner über die Nase geklebt hatte. Schiiten und Sunniten waren Brüder, zumal in der Fremde, in gottlosen Landen. Seine Söhne waren Hitzköpfe, das brauchte niemanden zu wundern. Der Diktator mit dem dicken Hals hatte ihre Kindheit zerstört. Dass sie abends nicht nach Hause kamen, störte den Vater nicht. Das Land war kalt, aber sicher. Er paffte in die Nacht hinaus. Die Terrasse unter den Linden lag friedlich im Schein kleiner Lampions. Nach sechs Jahren Flucht hatte er sich abgewöhnt, sich wegen jeder Kleinigkeit Sorgen zu machen. Sie waren von Syrien nach Jordanien, von Jordanien in den Libanon, vom Libanon in die Türkei, von der Türkei über Griechenland und Ungarn nach Pielitz gekommen. Der süßliche Rauch beruhigte die Männer. Sie zogen die Decken fester an ihre Körper. Aus der Küche drang das beruhigende Geräusch harmloser Plauderei. Unten im Tal plätscherte die Pielitz. Am Himmel leuchteten mickrig ein paar Sterne. Kein Vergleich zum himmlischen Gepränge des Golans oder zur Pracht des gestirnten Himmels im Hindukusch. Totis Vater gedachte seiner Frau. Dann wunderte er sich, wie so oft in den letzten Jahren. Die Fremdheit all dessen, was ihn umgab, überwältigte ihn: Wie wenig zählte menschlicher Wille! Wie undurchschaubar war Gottes Wirken!

Für Daniel begann eine schwierige Zeit. Er betrat die Klasse und spürte sofort, dass etwas nicht stimmte. Michael und Paul standen rund um Severins Tisch. Sie grüßten ihn nicht oder schienen ihn nicht zu sehen. Daniel ging auf sie zu. Severin löste sich von der Gruppe und rief ihm zu: »Guten Morgen, Hurenkind!« Daniel schluckte. Am liebsten hätte er sich sofort zur Wehr gesetzt, doch die Glocke läutete. Der Unterricht verlief mehr oder weniger normal. Daniel beobachtete genau, wie Severin sich in den Pausen produzierte und Pauls und Michaels Aufmerksamkeit an sich riss. Er begriff sofort, dass alle Feindseligkeit von Severin ausging. Michael und Paul zeigten sich lediglich solidarisch. Während der letzten Schulstunde, Turnen, schoss ein Unfähiger den Fußball über den Zaun in die Büsche.

Daniel nutzte den Moment, um Paul diskret zur Seite zu nehmen: »Was ist los? Warum ist Severin sauer auf mich?«

Paul sah sich um, ob ihn niemand beobachtete: »Ich weiß es nicht genau. Seit heute Morgen sagt er, dass du eine falsche Sau bist!«

»Was? Aber was hab ich getan?«

»Ich weiß es ja auch nicht ... Er sagt nicht, warum!« Die anderen kamen aufs Spielfeld zurück. Paul ging auf Distanz.

Daniel bekam einen Wutanfall. Seine sogenannten Freunde waren allesamt Schwuchteln. Er eroberte sich den Ball. Severin, der nur als Verteidiger taugte, wagte nicht, sich Daniel in den Weg zu stellen. Daniel schoss mit Wucht ins Tor. Auf dem Rückweg in die eigene Hälfte stieß er Severin unverhohlen zu Boden. »Selber Hurenkind!«, zischte er.

Der Turnlehrer zeigte Daniel die rote Karte. Das Tor ließ er glücklicherweise gelten. Daniel saß am Spielfeldrand und hing düsteren Gedanken nach.

Warum schlief seine Mutter im Wohnzimmer? Warum stritten sich sein Vater und sein Onkel ständig? Warum lag seine Großmutter seit einer Woche neben dem Kamin?

Warum nannte ihn Severin grundlos eine falsche Sau? Daniel konnte sich nicht erklären, was rings um ihn geschah. Je länger er darüber nachdachte, desto eklatanter wurde die Ungerechtigkeit. Er grub erbost die Hände ins Gras. Nach dem Ende der Turnstunde zog er sich wortlos um und verließ die Schule.

Zu Hause erwartete ihn seine Mutter: »Wir fahren nach Linz! Ich bin extra früher von der Arbeit gekommen! Wir kaufen dir neue Sachen! In einer Woche ist Palmsonntag!«

Daniel wollte nicht nach Linz, sondern in den Wald. Seine Mutter ließ keine Widerrede gelten. Verwundert stellte Daniel fest, dass sie ihm jeden Wunsch erfüllte. Nachdem er sich mit der lästigen Einkauferei abgefunden hatte, stellte er hohe Ansprüche. Seine Mutter erfüllte sie alle. Daniel hätte sich darüber gefreut, wenn es ihm nicht gleichzeitig merkwürdig erschienen wäre. Warum war seine Mutter plötzlich so spendabel? Warum kaufte sie ihm die teuersten Sportschuhe, die teuerste Hose, die teuersten T-Shirts?

Am Rückweg nach Pielitz stockte der Abendverkehr immer wieder. Daniel beobachtete seine Mutter. »Warum hast du heute Nacht im Wohnzimmer geschlafen?«

Rosalie antwortete, ohne ihn anzusehen: »Weil dein Vater so laut schnarcht!« Nervös änderte sie den Sender am Autoradio. Daniel sah betrübt aus dem Fenster. Er vermisste Toti.

Am Mittwoch kam es zum Eklat. Daniel stand mit Viola neben dem Getränkeautomaten. Sie unterhielten sich über eine Fernsehserie. Severin kam vorbei, grüßte Viola und nannte Daniel ganz laut ein Hurenkind. Daniel stellte Severin zur Rede, da rief Severin: »Greif mich nicht an, du Sau! Du Dreckskind! Du bist genauso primitiv wie dein Vater!«

Alle drehten sich um. Daniel schlug Severin die Faust in

den Bauch. Severin ging die Luft aus, und er fiel zu Boden. Ein Lehrer bemerkte den Tumult und führte Daniel ab.

Beim Direktor wiederholte Daniel, was Severin Rainer zu ihm gesagt hatte. »Fragen Sie die Viola! Die hat alles gehört!«

Der Direktor schüttelte unwillig den Kopf.

Daniel begann zu protestieren. »Aber was soll ich denn tun? Wieso beschimpft er mich die ganze Zeit? Wieso nennt er mich Hurenkind? Soll ich mir das etwa gefallen lassen?«

Pater Ronald hatte Daniel, der öfter bei ihm saß, noch nie so aufgebracht gesehen. »Ich verstehe dich, Daniel. Aber als Direktor kann ich nicht zulassen, dass du deine Mitschüler verletzt. Es muss dir gelingen, deinen Stolz ohne Gewalt zu retten. Benutz dein Hirn, und du wirst einen Weg finden!«

Daniel begriff trotz seiner Wut, dass Pater Ronald es gut mit ihm meinte. Das tröstete ihn ein wenig. Zurück in der Klasse, lächelte ihm Viola für alle sichtbar zu. Auch dieses Lächeln half ihm, die Scham zu ertragen.

Der Klang der Glocke war eine Befreiung. Daniel stürzte nach Hause. Er packte die Isomatte und den Schlafsack. Seine Mutter konnte jeden Moment eintreffen. Es galt, ihr zu entwischen, ehe sie erneut seine Pläne durchkreuzte. Ohne den Großeltern einen Besuch abzustatten, lief er sofort zum Baumhaus. Toti war nicht da. Hatte er nachmittags Schule?

Daniel wusste es nicht. Er rief ihn an, doch Totis Handy war wie immer ausgeschaltet. Die Matte passte gut. Größere Menschen als Daniel konnten sich ausgestreckt hinlegen. An den Zweigen der Laubbäume sprossen über und über dicke Knospen. Ein paar warme Tage noch, und der ganze Wald würde grün werden. Wo die Laubbäume den dichten Fichtenbestand ergänzten, breiteten sich Buschwindröschen aus. Holunderstauden und Haselnusssträucher trieben aus.

Daniel freute sich darauf, alles sprießen zu sehen. Das Baumhaus würde im Dickicht verschwinden. Er legte sich ins frische Bett und sah in den Himmel.

Da rief seine Mutter an: »Komm sofort nach Hause! Wir müssen reden!«

Daniel schluckte. Ihre Stimme verhieß nichts Gutes.

Erwin setzte sich in der Waschküche auf einen Sessel. Ihm fehlte die Kraft, sich auszuziehen. Die Hände lagen im Schoß und rührten sich nicht. Endlich, ungeschickt, gleich einem Kind, entledigte er sich des Stallgewands. Er streifte die Unterhose ab und stieg in die Dusche. Er griff nach dem modrigen Handtuch. Niemand hatte ihm frisches Gewand in die Kommode gelegt. Nackt ging er nach oben, um sich anzuziehen. Bald würden ihm Hemden und Socken ausgehen. Seit einer Woche hatte niemand gewaschen. In der Küche nippte er am Most. Er schnitt sich Brot und Speck zurecht. Die Stille hielt er nicht aus, also drehte er das Radio auf. Die Musik störte ihn, er drehte wieder ab. Ohne Lust, aus Hunger, aß er, was er sich zubereitet hatte. Der Tisch war viel zu groß für einen einzelnen Menschen. Beim dritten oder vierten Aufsehen blieb sein Blick an der oberen Küchenwand haften.

Im Herrgottswinkel hing Jesus Christus. Erwin erhob sich. Er stützte sich auf die Sessellehne. Langsam ging er in die Knie. Er faltete die Hände. »Mein Gott, mein Gott …«, ging es ihm durch den Kopf. Vor dem Fenster saßen Amseln in den Kirschbäumen. Sie sangen das Abendlied.

5

Wir sind sieben Kinder. Am Land, nach dem Krieg, war das nichts Besonderes. Die Bauern hatten immer viele Kinder. Es brauchte Hände, die halfen. Außerdem sind große Familien etwas Schönes. In den fünfziger und sechziger Jahren waren Maschinen rar. Wir hatten einen Traktor, zwei Pferde und sonst nichts. Zum Dreschen borgten wir uns die Dreschmaschine vom Kaiser Josef senior aus. In Pielitz, neben dem Speicher, gab es ein Kühlhaus mit vier Eiskästen für das ganze Dorf. Niemand hatte einen Kühlschrank. Als die Wimmleitners einen Fernseher bekamen, kamen die Leute aus Bad Hiemsbach und St. Marien nach Pielitz, um fernzusehen. Dann haben sich die Ordensbrüder einen Fernseher gekauft, und die Leute aus St. Marien gingen ins Kloster, um sich Fußballspiele und Werbefilme anzusehen.

In Pielitz gab es keine Schule, weshalb wir bis nach St. Marien in die Volks- und Hauptschule gingen. Wir gingen sechs Kilometer, zweimal am Tag, in der Früh und zu Mittag. Wir trafen uns bei der Brücke, alle Kinder aus der Gegend. Wir kamen oft zu spät, da uns immer irgendetwas dazwischenkam. Theresa gehörte zu den Älteren, sie nahm uns an die Kandare. Wenn es regnete, saßen wir mit nassen Socken in der Schulbank. Im Winter kamen wir zwei Stunden zu spät oder gingen gar nicht in die Schule. Ich erinnere mich eigentlich gern an diese Zeit. Es war lustig, gemeinsam durch den

Wald zu spazieren. Vor allem am Heimweg gab es immer etwas zu lachen. Für Theresa war es weniger lustig. Ohne dass dies ausgesprochen wurde, hatte sie die Verantwortung für uns alle. Kamen wir zu spät, schimpfte man nur mit ihr.

Unser Vater war ein fideler Mann. Oft ging er am Sonntagvormittag in die Kirche und kam am Montag in der Früh nach Hause. Manchmal nahm er das Fahrrad. Dann konnte es sein, dass er am Nachhauseweg in die Pielitz fiel. Wie dem auch sei: Montagfrüh stand er bereit. Die Arbeit war für unseren Vater das Wichtigste. Er tischlerte leidenschaftlich. Er kümmerte sich um die Tiere. Er besaß bald ein Auto und dokterte immer daran herum. Er saß auf dem Traktor oder lag unter dem Traktor, eines von beiden. Er ging mit den Rössern aufs Feld. Er presste Most. Er mauerte einen Stall. Er hob einen Graben aus. Er fuhr auf den Markt. Er kaufte und verkaufte Ferkel. Er schor Schafe. Er molk Ziegen. Später zog er Tomaten. Er klaubte unermüdlich Erdäpfel. Kurzum, ich erinnere ihn nur beim Arbeiten. Immer klebte ihm irgendwo Schmutz an der Hose. Seine Hände waren immer verschrammt. Am Sonntag aber zog er das beste Hemd an. Er sang im Wirtshaus, und viele Leute behaupten, dass er der beste Sänger im ganzen Tal war. Er liebte die Musik und pfiff oft beim Arbeiten. Mit uns Kindern, vor allem mit den älteren, führte er allerdings ein strenges Regiment. Er kümmerte sich nicht so sehr darum, ob wir rauchten oder tranken oder zu spät nach Hause kamen. Das war ihm egal. Wichtig war, dass wir spurten.

Theresa durfte keine höhere Schule besuchen. Das war ausgeschlossen. Mit fünfzehn steckte sie der Vater in Eferding in die Gerberei. Theresa sollte so lange lernen, bis sie jemand heiratete. Darüber wurde nicht verhandelt. Wir kleineren Kinder konnten später in die Schule gehen. Ich bin auf die Handelsschule gegangen. Deine Tante Steffi hat sogar die Matura gemacht. Für die älteren kam das aber nicht in Frage. Theresa war ein schönes Mädchen. Das sagen alle, die sie früher gekannt haben. Du siehst es ja auch auf den Fotos aus dieser Zeit. Es mangelte sicher nicht an Burschen, die sich für sie interessierten. Zu Beginn fuhr sie mit dem Fahrrad in die Gerberei. Anfang der siebziger Jahre, als Doktor Bruno Kreisky Bundeskanzler wurde, wurde endlich eine Buslinie eingerichtet. Ich glaube, die Lehre hat ihr ganz gut gefallen. Sie war außer Haus. Sie verdiente ihr eigenes Geld.

Dem Vater gefiel der Erwin, weil er der Älteste war. Er würde den Hof erben. Ich denke nicht, dass man hier romantisch werden muss. Für den Vater war Erwin ein guter Mann, weil zu ihm etliche Joch Grund gehörten, hektarweit Wald und überdies ein großer, schöner Obstgarten. Erwins Familie stand in gutem Ruf. Wo Theresa den Erwin kennengelernt hat, weiß ich nicht. Du müsstest sie selber fragen. Vielleicht im Bus oder in einem Wirtshaus? Soweit ich weiß, lieferte Erwins Familie Obst und Gemüse an die Eferdinger Konservenfabrik. Vielleicht trafen sie sich nach der Kirche? In die Schule waren sie nicht gemeinsam gegangen, da bin ich mir sicher. Fest steht, dass Erwin vor allem unserem Vater sehr gut gefiel. Ich erinnere mich, dass Erwin zu uns kam und stundenlang mit dem Vater redete. Theresa hatte still neben den beiden Herren zu sitzen und sie zu bedienen. Wenn das Mostglas unseres Vaters leer wurde, rief er: »Komm, Resi! Schenk uns nach!« Da er trinken konnte wie ein Russe, gefiel es ihm, den jungen Erwin unter den Tisch zu saufen. Radelte dieser lallend und schwankend nach Hause, lachte unser Vater und war seines Lebens zufrieden.

Ich hatte mehr Freiheit. Der Hof war übergeben. Die Zeiten hatten sich geändert. Die älteren Geschwister waren unter der Haube. Unser Vater war älter und milder. Ich durfte die Schule fertig machen. Ich zog eine Weile in die Stadt. Mein Mann wurde geduldet, obwohl er nicht aus dem Bauernstand kam. Als wir an den Attersee zogen, bemerkte ich, dass mein Vater sogar stolz auf mich war. »Wie schön ist es hier! Was für einen guten Platz habt ihr euch ausgesucht!« Das hat er zu mir gesagt, als er uns zum ersten Mal besuchte. Dabei hatte unser Vater kaum einmal das Dorf, geschweige denn das Tal verlassen. Natürlich musste sich mein Mann anfangs allerhand anhören. Dabei kam mein Mann aus einer Linzer Handwerker-Familie und entsprach eigentlich nicht dem Bild, das mein Vater von ihm zeichnete. Für meinen Vater reichte, dass er aus der Stadt kam. Das machte ihn automatisch zu einem Trottel. Es dauerte Jahre, bis sich mein Vater davon überzeugt hatte, dass mein Mann Geschick besaß. Als er das Haus und den großen Garten sah, den weiten Blick über den See und die Apotheke, da merkte ich zum ersten Mal, dass der Vater uns achtete.

Wie fast alle älteren Geschwister haben sie im Stift in St. Marien geheiratet. Die Kirche dort ist größer und schöner. Die Pielitzer Kirche liegt von früh bis spät im Schatten und fasst kaum hundert Leute. Dabei hätte allein Erwins Verwandtschaft drei Kirchen gefüllt. Die Weichselbaums sind fruchtbar. Sie hatten immer Sinn fürs Geld. Sitzt nicht ein Bruder von Erwin heute im Landtag? Pater Thomas vollzog die Trauung. Er ist längst gestorben. Ich war damals zehn oder elf Jahre alt. Alles war sehr beeindruckend: Theresa im weißen Kleid mit Schleier und Handschuhen. Sie glich einer Prinzessin. Unser Vater barst vor Stolz. Am Abend sang er vor allen Leuten. Das alte Wirtshaus gibt es heute nicht mehr. Das heißt: Das Haus steht noch, soweit ich weiß. Ich glaube, der Orden hat es gekauft. Damals hatte ich den Eindruck, die ganze Welt wäre zu Gast. Der große Saal war voller Leute. Noch in der hintersten Stube standen und tranken Menschen. Am Vorplatz, unter den Lindenbäumen, saßen Männer und Frauen im Schatten. Sie rauchten und sangen. Am Abend wurde überall getanzt, auf der Terrasse, im Saal, zwischen den Linden. Wir Kinder tollten ums Haus. Wir spielten in den Büschen Verstecken. Niemand beachtete uns. Erst nach Mitternacht brachte uns irgendwer mit dem Anhänger nach Hause. Theresas Hochzeit war für mich der schönste Tag meiner Kindheit. Bei niemandem sonst hat sich eine so stolze Pracht entfaltet. Die bäuerliche Lebensweise Oberösterreichs zeigte sich in ihrer ganzen Schönheit.

Warum ich nicht von der Mutter spreche, ist schnell erklärt. Unsere Mutter hatte nichts zu sagen. Wenn du mich fragst, wie ich sie erinnere, dann muss ich sagen: Ich erinnere sie kochend. Sie trägt eine Schürze. Ihr Haar ist hochgesteckt. Ihre Haut errötet vom Dampf. Ihre Hände tragen einen immensen Topf von hier nach da. Sie wirft Holz ins Feuer. Sie klopft Fleisch oder schält Erdäpfel. Dieses Bild ist sicher falsch, denn unsere Mutter hat ebenso am Feld gearbeitet, wie wir alle. Sie ist in den Stall gegangen, hat gemolken, die Eier abgenommen oder Heu verfüttert. Dennoch bringe ich sie heute vor allem mit der Küche in Verbindung. Zu Spitzenzeiten kochte sie für fünfzehn oder zwanzig Personen: sieben Kinder, ein Mann, zwei Knechte, Erntehelfer, Gäste, Ehefrauen, Enkelkinder. Sie buk Brot, sie fertigte Teigwaren, Spaghetti aus der Packung existierten noch nicht.

Wir stachen damals noch selbst. Sie stopfte Blutwürste, sie verbriet das Fett zu Grammeln, sie pökelte und räucherte. Sie rupfte tausende Hühner oder Gänse oder Enten. Sie entschuppte Karpfen. Sie schlug Butter. Nachdem unser Vater sich Ziegen eingebildet hatte, käste sie. Selbstverständlich führte sie einen Gemüse- und Obstgarten. Sie brockte Erdbeeren, Ribisel, Melissen, Zwetschken und Marillen. Sie entsaftete, brannte Schnaps und zuckerte riesige Blechkuchen. Sie war von Lebensmitteln umgeben. Es lässt sich kaum anders ausdrücken: Sie nährte unentwegt. Oft stillte sie gleichzeitig ein Kind.

Der Vater traf alle Entscheidungen. Brauchten wir Geld, fragten wir den Vater. Der Vater entschied über unsere Köpfe hinweg, was wir lernen sollten. Franz, der Älteste, hatte den Hof zu übernehmen. Theresa, die Nächste, musste Gerberin werden. Rudolf Polizist. Im Wirtshaus hatte mein Vater mit dem Bezirksinspektor alles ausverhandelt. Dass Rudolf Automechaniker werden wollte, interessierte unseren Vater nicht. Erst Thomas und ich und natürlich die Steffi durften tun, was wir selbst wollten. Heinrich wiederum sollte Fleischer werden. Er wollte nicht und widersprach unserem Vater. Unser Vater beschimpfte ihn. Dann warf er ihn aus dem Haus. Er verbat der Mutter, ihm Essen zuzustecken. Nach zwei Wochen kroch Heinrich in der Dämmerung nach Hause. Er fügte sich seinem Schicksal und wurde Fleischer. So war das.

Unsere Mutter streichelte uns schnell übers Haar und sagte: »Geh zum Vater!« Dann packte sie einen Topf siedender Knödel, verbrannte sich die Finger und fluchte. Abends schnitt sie das Bratfleisch oder die Erdäpfelnudeln in große Stücke, um der hungrigen Horde aufzutischen. Die Erni

Wimmberger, bei der man früher zu Abend aß, kam herüber und setzte sich in unsere Küche. Sie redeten über dieses und jenes. Während die Mutter uns bewirtete, redete sie mit der Erni Wimmberger über schwangere Frauen von Pielitz über Bad Hiemsbach bis St. Marien. Sie erzählten sich Gruselgeschichten aus dem Wald oder lästerten über die Ordensbrüder. In diesen Momenten schien unsere Mutter gelöster und freier, und sie genoss die Anwesenheit ihrer Nachbarin und Freundin. Sie spülte das Geschirr, wusch die Messer, säuberte die Krüge, und manchmal genehmigte sie sich mit der Erni Wimmberger einen Schnaps. Im Sommer setzten sich die beiden Frauen vors Haus. Sie servierten sich ein Glas Most und streckten die Beine aus. In dieser letzten Stunde vor der Dunkelheit konnte man unsere Mutter lachen sehen. Sie tranken ein Gläschen, verfolgten den Einbruch der Nacht und lachten. Wenn ich jetzt daran denke, rührt es mich. Ich entsinne mich nicht, dass wir uns einmal bedankt hätten. Niemand war je zu unserer Mutter gelaufen und hatte gesagt: »Danke, Mutter!« Alles war selbstverständlich. Selbstverständlich war es, dass man sich aufrieb. So lange, bis man nicht mehr konnte.

Ich erinnere mich nicht, dass unser Vater unsere Mutter jemals geküsst hätte. Sie lagen sich nicht im Arm. Sie streichelten sich nicht. Sie gaben sich keine Kosenamen. Ich weiß natürlich nicht, was sie trieben, nachdem sie zu Bett gegangen waren. Aber in unserem Haus gab es keine offensichtlichen Zärtlichkeiten. Unsere Mutter tröstete uns mit einem leichten Klaps auf den Hintern. Sie schenkte uns ein Lächeln und strich uns übers Haar. Für längere Liebenswürdigkeiten fehlte ihr einfach die Zeit. Von unserem Vater brauche ich diesbezüglich nicht zu reden. Weinte jemand, drehte er sich indigniert weg. Man sollte sofort damit aufhören. Nur am Sonntag sah man sie nebeneinander. Meine Mutter war bei meinem Vater untergehakt. Stolz schritten sie an ihren Platz in der Kirchenbank. Wir liefen tobend hinterher. In der Kirche achtete niemand auf den lieben Gott. Einzig die Gläubigen wurden eindringlich gemustert. Wer hatte einen neuen Haarschnitt? Wer eine neue Jacke? Wie seltsam roch der alte Hanslbauer! Wie lächerlich war der Lidschatten jener Maier-Tochter! Der alte Kluger war wieder nicht in der Kirche. Unser Vater ließ sich die Hostie auf die Zunge legen, was bei uns für Erheiterung sorgte.

Der Kontakt nahm ab, seit wir am Attersee wohnten. Wir telefonierten hin und wieder. Als dein Bruder so spät Scharlach bekam, telefonierten wir täglich. Das heißt: Die meiste Zeit sprach sie mit meinem Mann, dem sie, glaube ich, immer sehr vertraute. Wir redeten über Behandlungsmöglichkeiten, nicht über Gefühle. Das ganze Gerede darüber, wie es einem ging und was man fühlte – dieses Gerede war uns fremd. Niemand von uns hatte das gelernt. Es gehörte nicht zu unserer Ausstattung. Ich bin acht Jahre jünger als Theresa. Selbst ich habe mir das niemals angewöhnt. Als die Sache mit Rosalie passierte, wusste ich, dass es deine Mutter belastete. Wir waren nie besonders fromm, aber katholisch. Unser Vater war zu diesem Zeitpunkt schon tot. Die Mutter lebte noch, aber sie bekam zum Glück nichts mehr mit. Beiden hätte es die Sprache verschlagen, hätten sie gewusst, dass ein Kluger ihre Enkeltochter geschwängert hatte. Wie in allen Dörfern, regierte in erster Linie die Angst vor den Nachbarn. Was würden die Nachbarn denken? Was würden sie sagen? Ich bewunderte sie. Theresa schien gewappnet.

Ihr ging es um Rosalie und ob sie gesundheitliche Schäden davontragen würde. Selbst am Attersee, wo die Leute offener sind, weil es viel Tourismus gibt, selbst hier war Abtreibung kein Thema. Mein Mann sprach mit anderen Apothekern und Ärzten und überzeugte sich, dass aus medizinischer Sicht keine Gefahren drohten. Ich erinnere mich noch, wie Theresa am Telefon einen Satz wiederholte: »Sie liebt diesen Burschen. Das ist das Ganze.«

Letztlich überraschte mich nicht, dass sie zu mir kam. Von allen Geschwistern waren wir uns am nächsten. Sie stieg aus dem Auto und ließ sich nichts anmerken. Dass sie an einem Montagnachmittag mit einem kleinen Koffer auftauchte, allein und unangekündigt, war merkwürdig genug. Sie schien schwach. Ihr erster Wunsch war, zu schlafen. Ich rief meinen Mann in der Apotheke an. Dann überzog ich ihr das Bett von Matthias. Das Zimmer stand leer. Er studiert jetzt in Graz. Ich fragte nicht viel. Sie schlief sofort ein. Am Abend telefonierte mein Mann mit Erwin. Erwin erzählte ihm seine Sicht der Dinge. Mein Mann beruhigte ihn. Es kostete sehr viel Mühe, Erwin in Pielitz zu halten. Er wollte noch in der Nacht ins Auto steigen und Theresa abholen. Mein Mann beschwor ihn, das nicht zu tun. Erwin hielt sich fürs Erste daran. Als Tage darauf plötzlich auch Rosalie vor dem Haus parkte, gab uns das sehr zu denken. Im Gegensatz zu ihrer Mutter stieg sie heulend aus dem Auto. Sie fiel mir sofort in die Arme. Wir legten sie in Irenes Zimmer, die dann im Wohnzimmer schlief. Zum Glück waren quasi Ferien. Mir wurde bewusst, dass in Pielitz nichts mehr stimmte.

6

Im Vereinshaus der Sportschützen hielt die »Bewegung« jeden Donnerstag einen informellen Stammtisch ab. Dem Pächter der Schank war das recht. Der Stammtisch sorgte für gutes Geschäft in trockenen Zeiten. Die Erfindung von Fernsehen und Internet hatte die Leutseligkeit der Landbevölkerung gebremst. Etliche Wirtshäuser starben. Max Weichselbaum und Sebastian Rainer waren Teil der »Bewegung«. Sie genossen einen distinguierten Status. Jeder wusste, dass ihr Bruttogehalt jenes der übrigen Mitglieder ums Zehnfache überstieg. Sie galten als großzügige Spender der Partei. Die private Telefonnummer des Parteichefs fand sich in beider Adressbuch. Sie hatten studiert, zumindest ein bisschen. Sie kannten die große Welt bis Eferding und Linz, ja Wien. Umso höher war ihnen anzurechnen, dass sie sich regelmäßig im Pielitzer Schützenhaus einfanden.

Max Weichselbaum und Sebastian Rainer fühlten sich volksnah und erhaben gleichermaßen. Trieben es ihre »Bewegungs«-Kollegen nach vier oder fünf Bier etwas toller, schmunzelten sie sich kopfschüttelnd zu. Selbst ließen sie sich niemals dazu hinreißen, »Heil Hitler« zu rufen oder das Horst-Wessel-Lied anzustimmen. Sie streckten im größten Rausch nicht den Arm zum Gruß und witzelten nicht über Auschwitz. Sie saßen sich in einer stilleren Ecke des Vereinshauses gegenüber und pflegten einen sachlichen Diskurs.

»Aus strategischer Sicht hat Hitler die Judenfrage genial gelöst, doch von Wirtschaft verstand er nichts«, sagte zum Beispiel Sebastian Rainer, woraufhin Max Weichselbaum entgegnete: »Hitler hat sein Leben lang nichts gearbeitet. Nur mit völkischen Flausen und Richard-Wagner-Opern macht man keinen Staat. Man muss verstehen, wo das Geld herkommt. Dafür war er wohl zu dumm!«

Sebastian Rainer und Max Weichselbaum teilten die Abneigung gegen die Flüchtlingsunterkunft in St. Marien. Sie bekämpften die Ausbreitung des Ordens im Tal, fluchten über die links-linke Kirche und landeten mal früher, mal später bei ihrem interessantesten Thema: der Steuer und ihrer Vermeidung.

Sebastian Rainer stand im Ruf eines exzellenten Sanierers und wurde für höhere Posten im Management der Landesbank gehandelt. Er besaß profunde Kenntnisse bei Anlage- und Vorsorge-Strategien. Kunden weit über das Pielitztal hinaus vertrauten ihm.

Max Weichselbaum hatte ihm viel zu verdanken: »Das größte Hindernis, meine Heimat zu lieben, liegt darin, dass ich ihr monatlich die Hälfte meines Gehalts schenken muss.«

Dank Sebastian Rainer verkleinerten sich diese Schenkungen, denn mehr oder weniger legale Steuervermeidungsstrategien waren Sebastian Rainers Spezialgebiet. Seit die muslimischen Flüchtlinge ins Land gekommen waren, reizte das Steuerthema das Gemüt beider Männer aufs Äußerste. Die Ordensbrüder zum Beispiel ließen sich aus Steuergeldern Flüchtlingshilfe auszahlen, »um es mohammedanischen Kopftuchfrauen christlich in den Arsch zu stecken«. Das war für Sebastian Rainer wie für Max Weichselbaum eine Ungeheuerlichkeit.

Sebastian Rainer griff nach Max Weichselbaums Arm: »Nur eine Sache geht mir zur Zeit noch mehr gegen den Strich – dein verfluchter Schwager!«

Max rümpfte überrascht die Nase: »Wieso? Was ist passiert?«

Sebastian holte zwei frische Biere. »Dein Schwager fickt meine Frau. Das ist es, was passiert ist.«

»Woher weißt du das? Hast du ihnen zugeschaut?«

»Er selbst erzählt es überall herum! Beim Kirchenwirt in Bad Hiemsbach hat er es dem ganzen Gasthaus zugeschrien.«

»Er prahlt herum! Er ist der größte Angeber Österreichs. Du darfst ihm kein Wort glauben.«

»Du irrst dich! Es stimmt. Ich habe meine Frau darauf angesprochen – sie hat es nur halbherzig geleugnet.«

»Ja? Aber was ist denn dann mit deiner Frau? Mit der stimmt doch auch was nicht?«

»Meine Frau und ich … Wir schlafen seit Jahren nicht mehr miteinander. Wir sind wegen des Kindes zusammen – und wegen des Geldes …«

Sebastian Rainer schüttelte traurig den Kopf. Seine Stimmte vibrierte vor Melancholie. »Da zeige ich ganz Oberösterreich, wie man erfolgreich Geld vermehrt, nur bei mir selbst schalte ich wegen einer Schlampe das Hirn aus!«

Max verstand. Sebastian Rainer hatte keinen Ehevertrag abgeschlossen. Er versprach zu helfen. Dem Schwager eine Abreibung zu verpassen entsprach auch ganz seinen Wünschen.

Im Bett sinnierte Max über das ihm Anvertraute. Seine Frau war noch immer nicht zu Hause. Am Telefon hatte sie angedeutet, übers Wochenende bei ihren Eltern bleiben zu wollen. Max hatte nichts dagegen einzuwenden. Im Lichte des eben Gehörten aber machte er sich Gedanken. Betrog seine Frau ihn auch? Solange es in Linz passierte, kümmerte er sich nicht darum. Warum hatte er geheiratet? Weil es sich so gehörte. Niemand sollte denken, er wäre schwul wie sein peinlicher Bruder. Dass Sebastian Rainer höchstpersönlich keinen Ehevertrag abgeschlossen hatte, war unglaublich. Ihm hätte das nicht passieren können. Ein süßes Gefühl der Bestätigung bemächtigte sich seiner. Max Weichselbaum wiederholte sich, was er des Öfteren dachte. Die beste Art und Weise, mit dem eigenen Körper umzugehen, war die Masturbation. Sie befriedigte und kostete nichts. Und im Gegensatz zur Prostitution brachte sie keine Krankheiten. Er öffnete seinen Laptop. Der Porno vor dem Einschlafen war ihm zur guten Tradition geworden.

Fridolin saß mitten am Nachmittag in der Küche. Das war nicht normal. Er kam üblicherweise nicht vor sieben nach Hause.

Rosalie nahm Daniel in den Arm und flüsterte: »Endlich, da bist du ja!«

Daniel betrachtete Vater und Mutter. Vor Aufregung hatte er vergessen, die Schuhe auszuziehen.

Rosalie fuhr ihm nervös durchs Haar. Sie hatte geweint. Daniel konnte es an ihren Augen sehen. »Der Direktor hat angerufen. Du hast Severin Rainer geschlagen.« Fridolin wollte etwas sagen. Rosalie verbat ihm das Wort: »Du hältst den Mund! – Der Direktor hat mir versichert, dass diesmal keine Sanktionen verhängt werden. Aber er hat ein Auge auf dich. Noch einmal so eine Sache, und du fliegst vom Gymnasium!«

»Severin hat mich Hurenkind genannt«, verteidigte sich Daniel. Er löste sich von der Mutter und setzte sich an den

Tisch. Um die Tränen zu verbergen, schob er beide Hände vors Gesicht.

Rosalie kämpfte mit der Stimme. Sie ging auf Daniel zu, um ihn wieder zu umarmen. Seine Kränkung breitete sich im gesamten Körper aus. Er hatte keine Kraft mehr. Rosalie legte ihre Wange über Daniels Hinterkopf: »Ich weiß, ich weiß! Ich bin doch auf deiner Seite. Man darf sich im Leben nichts gefallen lassen ... Aber man darf auch nicht die Beherrschung verlieren! Daniel, was ich dir eigentlich sagen wollte: Mir geht es nicht gut, weißt du? Dein Vater soll dir erklären, warum. Ich werde euch für ein paar Tage verlassen. Ich fahre zu Rebecca und rufe dich jeden Tag an, versprochen?!«

Daniel drehte sich um und griff nach seiner Mutter. Sein Leben stürzte zusammen. In der Schule war die Katastrophe ausgebrochen. Alle Freunde machten sich über ihn lustig. Nun fuhr die Mutter davon. Er tauchte seinen Kopf in ihr warmes Kleid.

Rosalie beugte sich hinunter, um Daniel zu küssen. Er fühlte ihr nasses Gesicht, und die Liebe zu ihr überflutete sein junges, strapaziertes Gemüt. Rosalie drückte ihn fest an sich. Sie konnte ihre Verzweiflung nicht verbergen: »Ich liebe dich, Daniel! Ich lasse dich niemals allein! Aber jetzt gerade geht es mir sehr schlecht. Sprich mit deinem Vater, er soll dir erklären, warum!«

Die Motorengeräusche entfernten sich. Das automatische Tor rastete ein. Es wurde still. Fridolin nahm seinen Sohn in den Arm. Er zog ihn ins Wohnzimmer. »Als Erstes möchte ich, dass du weißt, dass ich stolz bin auf dich! Egal, was der Pater Ronald sagt: Wenn dich jemand Hurenkind nennt, dann ist es gut, wenn du dich zur Wehr setzt. Du hast den

Knaben ja nicht umgebracht! Du hast ihm nur gezeigt, dass man so nicht mit dir spricht. Als ich in der Schule war, wurde ich oft gehänselt. Du weißt ja, wie die dicken Bauernkinder von meiner Familie dachten. Weil meine Großeltern keinen Grund und kein Geld hatten und weil sie nicht in die Kirche gingen, haben manche Kinder geglaubt, sie könnten mich verarschen. Aber ich habe mich gewehrt! Und ich habe mir Verbündete gesucht. Wir haben die Trottel das Fürchten gelehrt. Der Vater von Severin war einer der Schlimmsten. Den Rainers gehört ein Teil des Waldes nördlich von St. Marien. Sie besitzen das Sägewerk in Vorderpielitz. Viele aus meiner Familie haben dort gearbeitet, vor und nach dem Krieg. Die Arbeit im Schwemmkanal war gefährlich. Zwei Großonkel sind beim Hinabtreiben der Stämme ersoffen. Sebastian Rainer ist in die Schule gekommen und hat herumerzählt, ich käme aus einer Sklavenfamilie. Mein Großvater wäre ein Vaterlandsverräter. Mein Großvater war der beste Tischler des ganzen Tals. Er war kein Nazi. Er hat im Sägewerk vier Finger verloren. Da habe ich Sebastian so lange in den Arsch getreten, bis er den Mund gehalten hat.«

Daniel kannte diese Geschichten. Ihn beunruhigte viel mehr, dass die Mutter das Haus verlassen hatte. »Das hast du mir schon hundertmal erzählt! Aber wieso ist die Mama weggefahren? Habt ihr gestritten? Liebt ihr euch nicht mehr?«

Rosalie hatte ihren Mann gewarnt. Es hatte nichts genützt. Sie tat kein Auge zu, bis sie Fridolins Wagen um vier Uhr früh in der Einfahrt hörte. Fridolin legte sich besoffen zu ihr. Rosalie erhob sich. Im Wohnzimmer fand sie Schlaf bis ungefähr sieben. Sie duschte, trank eine Tasse Kaffee und fuhr gegen neun Uhr zu ihren Eltern. Am Hof half sie ihrem Vater im Stall. Sie kümmerte sich um das Mittagessen. Mit der Mutter zu sprechen gelang ihr nicht. Kurz vor Mittag kamen Fridolin und Daniel, etwas später ihre Brüder. Die Mutter starrte in die Luft und sprach mit niemandem. Max reagierte auf jede Frage aggressiv, obwohl sie sich seit einem halben Jahr nicht begegnet waren. Ihr anderer Bruder tat so, als ob ihn nichts etwas anginge. Draußen im Hof kam es beinahe zu einer Schlägerei zwischen Fridolin und Max. Rosalie konnte nicht fassen, wie sich ihre Familie, zumal ihr Mann, benahm. Ihr Vater verbarrikadierte sich den restlichen Sonntag im Stall und wollte mit niemandem mehr sprechen. Am Ende des Nachmittags konnte sie Fridolin nicht mehr ins Gesicht sehen. Er wollte sie im Wagen mitnehmen, doch Rosalie bevorzugte den Fußweg.

Um eine freundliche Stimme zu hören, rief sie ihre beste Freundin Rebecca an. Das war keine gute Idee: »Dein verrückter Mann schnackselt mit der Doris Rainer. Leider haben sie vergessen, die Küchenfenster zu schließen, jetzt hat der Peter Schanne alles gehört. Der hat einen Blick in die Einfahrt geworfen, den Wagen vom Fridolin gesehen und eins und eins zusammengezählt. Anstatt den Mund zu halten, wie es sich gehören würde, hat er es sofort seiner Schwester erzählt, die wiederum mit meiner Mutter gerade spazieren war. Vielleicht stimmt es nicht, und der Schanne hat sich alles eingebildet. Er ist eine boshafte Natur, weil er impotent ist und seit vierzig Jahren mit niemandem mehr geschnackselt hat. Aber wahrscheinlich ist es schon wahr. Warum sollte er sonst am Samstagnachmittag aus heiterem Himmel seiner Schwester eine solche Geschichte auftischen? Ich muss dir das erzählen, damit du weißt, was auf dich zukommt. Was der Peter Schanne weiß, weiß bald die ganze Welt.«

Fridolin konnte Daniel nicht antworten. Er sah ihn neben sich sitzen. Die Arme verschrammt, die Augen verweint. An der Nasenspitze klebte Rotz. Seine Wangen waren gerötet. Das lockige Haar stand ihm zu Berge. Rosalie und er – sie hatten den schönsten Jungen des Tals gezeugt. Sicher liebte er Rosalie. Wie sollte er seinem Sohn erklären, was ihn dazu getrieben hatte, Severins Mutter zu vögeln? Was wusste ein Zwölfjähriger von Begehren, Treue und Routine? Kannte er das Gefühl der Rache?

Fridolin sah sich außerstande, darüber ein Wort zu verlieren. »Ich liebe deine Mutter, und ich bin mir sicher, deine Mutter liebt mich auch. Aber manchmal streiten wir. Wir sind beide sehr dickköpfig. So wie du! Außerdem ist deine Mutter gerade ziemlich fertig, wegen der Sache mit ihrer Mutter. Dir ist sicher schon aufgefallen, dass mit der Oma etwas nicht stimmt …«

Erst jetzt begann Fridolin entfernt zu ahnen, wie unsensibel er sich verhalten hatte. Für eine Sekunde überwand er seinen absurden Stolz: »Ich habe mich deiner Mutter gegenüber blöd benommen, musst du wissen …«

Daniel verließ das Sofa. Ihm war klar, was zu tun war. »Ich gehe diese Woche nicht mehr in die Schule. Wir haben keine Schularbeiten mehr. Ab Freitag sind Osterferien. Zwei Tage sind nicht so wichtig.«

Er packte den dicksten Pullover, eine Taschenlampe, ein Taschenmesser, Unterhosen und Kuchen in seinen Rucksack.

»Ich schlafe heute Nacht bei Opa! Du brauchst dir keine Sorgen machen!«

Erwin saß in der Küche. Die Einsamkeit erdrückte ihn. Das abendliche Beten linderte die Trauer ein wenig. In allen Räumen herrschte Stille. Sein schlimmster Traum war Realität geworden. Ein gelegentlicher Seufzer der Schweine war das einzige Lebenszeichen, das ihm geblieben war. Das vertraute Knarren der Haustür drang in die Küche. Erwin horchte auf. Wie sehr wünschte er sich, Theresa käme zur Tür herein. Seit sie weggefahren war, vermisste er sie sehr. Er hatte die letzten zwei Tage inständig darüber nachgedacht, was ihr zugestoßen sein mochte. Ohne Theresa verlor alles an Wert. Ohne sie erkaltete das große Gemäuer. Die Küche, die Gänge, das Schlafzimmer, alles entfremdete sich, als wäre es nicht länger sein Zuhause. »Opa«, hörte er Daniels Stimme, »Opa!«

Ein Lichtstrahl fiel in Erwins Seele. Er legte seinen Enkel in Rosalies Zimmer, wo ein überzogenes Bett für Gäste bereitstand. Bevor er die Lampe löschte, strich er Daniel über den Kopf. Er schlich davon und verbarg seine Bewegtheit.

Am nächsten Morgen tranken sie gemeinsam Kaffee Daniel schnitt seinem Großvater Kuchen auf. Sie nahmen den Hühnern die Eier ab und gingen in den Stall. Sie molken die Kühe. Die weiblichen Ferkel wurden mit rosaroter Farbe markiert, die trächtigen Mutterschafe von der restlichen Gruppe separiert. Gegen halb zehn hielt Daniel es kaum noch aus.

Der Opa erkundigte sich, weshalb er seit neuem so gern im Wald verschwand. »Wir haben ein Lager, weißt du?« Daniel zappelte unruhig hin und her.

Der Großvater fragte nicht weiter und nickte nur. »Komm mich bald wieder besuchen! Wenn unsere Frauen jetzt auf Urlaub sind, müssen wir umso fester zusammenhalten!« Er näherte sich Daniel und legte ihm die Hand in den Nacken: »Ich ...«, sagte er. Mehr brachte er jedoch nicht heraus.

Die Sonne stieg immer höher. Die Singvögel waren zurückgekommen. Sie sangen und pfiffen wild und übermütig. Am Bach leuchteten gelbe Sumpfdotterblumen. Daniel kletterte hastig den Stamm empor und erlebte eine Überraschung.

»Toti«, rief er und streckte ihm die Hand entgegen, »was machst du hier? Hast du im Wald geschlafen?«

Toti reckte den Kopf in die Höhe. Er rieb sich die Nase und nickte. Er bedankte sich für den Schlafsack und die Matte und erzählte Daniel, was am Vortag passiert war. »Ich lasse mich von niemandem Hurenkind nennen, schon gar nicht von einem Ungläubigen. Ich werde mich rächen, heute Nacht!«

Daniel hielt für einen Moment inne. Das unselige Wort schien ihn zu verfolgen. Toti griff sich auf die genähte Stelle am Hinterkopf. »Es tut nicht mehr weh. Aber ich habe Hunger!«

Daniel öffnete seinen Rucksack. Er reichte Toti den Kuchen. Vom Hof hatte er frische Milch mitgenommen.

Toti staunte: »Du bist ja perfekt ausgestattet.«

»Warum sprichst du so gut Deutsch?«, wollte Daniel wissen.

»Ich lebe seit fast drei Jahren hier.«

»Gehst du zur Schule?«

»Ich bin in die Schule gegangen. Jetzt bin ich sechzehn. Ich möchte eine Lehre machen. Aber das wird uns verboten. Was denken sie, wovon wir leben sollen? ... Und du? Darf ich fragen, warum du so stinkst?«

Daniel roch an seinem Pullover. »Ich habe meinem Großvater im Stall geholfen. Mist riecht nicht nach Parfüm!«

Toti lachte. »Habt ihr auch Schweine?«

»Natürlich! Mein Großvater isst am liebsten Speck!«

»Pfui! Haram!«, schrie Toti und stieg hinab, um in die Büsche zu gehen.

Daniel erzählte Toti, was ihm in der Schule zugestoßen war.

»Das hast du gut gemacht«, Toti knöpfte sich beim Sprechen die Hose zu, »auch an diesem Severin werden wir uns rächen.«

Daniel musterte Toti, dann lächelte er selbstbewusst: »Nein, nicht an Severin! An seinem Vater!«

Zu Fuß in ungefähr einer Stunde Entfernung entdeckten sie eine kleine Forellenzucht. Der Bach hatte auf natürliche Weise drei kleine Granitbecken ausgeschwemmt. Die großen Forellen standen dicht gedrängt im seichten Wasser. Daniel zog die Schuhe aus und stieg ins eiskalte Becken. Die Kälte lähmte seine Zehen. Toti wollte es ihm gleichtun. Doch Daniel scheuchte ihn wieder hinaus: »Hol einen dicken Stein!«

Toti gehorchte.

Daniel packte eine nicht zu große Forelle an der Unterseite. Er platzierte sie auf einem glatten Felsen. »Wir nehmen ein kleineres Exemplar, damit der Besitzer keinen Verdacht schöpft. Gib mir den Stein!«

Toti sah seinem Freund erstaunt über die Schulter. Erst jetzt schien die Forelle Atemnot oder Todesangst zu spüren. Sie bog sich wild hin und her.

Daniel hielt sie mit eiserner Hand. Mit Wucht hieb er ihr den Stein auf den Kopf. Im Moment erlahmte die Forelle. Stolz griff er ihr mit Daumen und Zeigefinger zwischen die Kiemen. »Das ist unser Mittagessen!«

Daniel zeigte Toti, wie man Forellen aufschnitt und ausnahm. Er spießte sie auf einen dünnen Ast.

»Wie wollen wir sie grillen? Alles ist nass!«

Ihnen fehlte trockenes Brennmaterial. Daniel wusste Abhilfe. Eine Viertelstunde Richtung Süden befand sich ein Holzlager.

Toti kam aus dem Staunen nicht heraus. »Dich schickt Allah! Du bist mein Meister!«

Daniel atmete endlich auf. »Ich bin hier aufgewachsen. Was denkst du?«

Gemeinsam pirschten sie sich an das Lager heran. Sie packten, so viel sie konnten, in Daniels Rucksack. Die Feuerstelle wollte gut gewählt sein. Sie musste möglichst unauffällig sein. Zwischen drei großen Granitblöcken fand sich ein idealer Platz. Abgeschirmt von einer Brombeerhecke, grillten sie die Forelle auf kleiner Flamme. Sie achteten auf jedes Geräusch, spähten nach allen Himmelsrichtungen und sprachen mit gedämpfter Stimme. Die vielen verbotenen Handlungen schärften ihre Sinne. Ohne Salz schmeckte die Forelle mäßig. Doch die Buben genossen sie, als hätten sie seit Wochen nichts gegessen.

Während des Nachmittags durchforsteten sie die nähere Umgebung. Toti hatte den Platz gut gewählt. Die nächsten Siedlungen lagen weit genug entfernt. Eine Forststraße führte bis zum Holzlager, doch sie schien selten befahren. Der Fichtenbestand schirmte das Baumhaus gegen Süden hin ab. Gegen Norden, wo Laubwald dominierte, durchzogen etliche Gräben den Boden. Bemooste Granitkolosse säumten den Bach. Mit dem Auto war hier nichts auszurichten. Daniels Mutter rief an. »Wo bist du?«, wollte sie wissen.

Daniel gab ihr ehrlich Antwort: »Im Wald.«

Rosalie fragte nach der Schule. Daniel log etwas zusammen. Um das Thema zu wechseln, erkundigte er sich nach ihrer Rückkehr.

»In ein paar Tagen bin ich wieder da. Ich fahre jetzt an den Attersee, weißt du? Zu Tante Josefa. Oma ist auch dort. Pass auf dich auf. Ich vermisse dich sehr!« Daniel freute sich über den Anruf. Er bat seine Mutter, sich keine Sorgen zu machen.

Toti hatte genau zugehört. »Vielleicht sollte ich auch meinen Vater anrufen?«, kam es ihm in den Sinn. »Leihst du mir dein Handy?«

»Wieso hast du nie Guthaben? Ich habe gestern und vorgestern versucht, dich zu erreichen.«

Toti griff Daniel herausfordernd an die Backe: »Warum wohl? Dreimal darfst du raten! Denkst du, das Geld wächst auf den Bäumen? Außerdem wissen die Leute immer, wo du bist, wenn du ein Handy hast. Das ist nicht gut.«

Daniel hielt Toti das Telefon hin. Er staunte nicht schlecht. Aus Totis Mund kamen raue Kehllaute. Jedes Wort enthielt siebzehn Ch. Seine Stimme senkte und hob sich in Wellen. Daniel versuchte irgendetwas zu verstehen.

Toti legte auf. »Mein dummer Bruder Karim hat Scheiß gebaut, wie immer! Zum Glück haben wir hier unser eigenes Haus.« Sie schwangen sich hoch. Toti rollte für sich und Daniel eine Zigarette.

»Ich habe noch nie geraucht.«

»Möchtest du es probieren?« Toti hielt ihm die Zigarette hin.

Punkt zehn Uhr brachen sie auf. Sie stiegen vom Baumhaus und wanderten Richtung St. Marien. Sooft er auch hier gewesen sein mochte, noch nie war Daniel in der Nacht durch den Wald gegangen. Toti ging es ähnlich. Immer wieder fassten sie sich an den Händen. Ein Fasan ging unter Gekreische in die Luft. Beiden stockte der Atem. Gleichzeitig schnitten sie

Grimassen und grinsten sich zu. Jeder hielt sein Messer in der Hand. Wo das Gestrüpp dichter wurde, klatschten feine Zweige gegen ihre Wangen. Sie fielen über einen Ast, den sie in der Dunkelheit nicht gesehen hatten, und torkelten über den Waldboden, bis sie die Wengerau erreichten. Zwei große Gehöfte säumten den Straßenrand. Alle hier schienen zu schlafen. Die Straße führte durch ein kurzes Waldstück. Hinter dem Pfarrerberg ragten die Türme der Stiftsbasilika schwarz in den Himmel. Sie stiegen den Berg hinauf, und drei Hunde schlugen an.

»Ich hoffe, das Arschloch hat keinen Dobermann. Daran habe ich gar nicht gedacht. Aber bei den Rothäuten weiß man nie. Ich sag dir die Wahrheit: Beim Anblick von Hunden verlässt mich der Mut. In meinem Land gilt der Hund als unrein. Hier gibt es Leute, die lassen ihren Hund mitten auf die Straße scheißen. Dann nehmen sie die Scheiße in die Hand und tragen sie herum ... Für mich ist das pervers!«

Daniel zuckte mit den Achseln. Seit sie sich auf den Weg gemacht hatten, zitterte sein ganzer Körper.

Toti zeigte Daniel, wo er wohnte. Im alten Wirtshaus war noch Licht. Sie gingen rasch daran vorbei. Toti bog von der Straße ab und lief die Böschung hinunter. »Wir müssen ein bisschen warten. Hier ist noch überall Licht!«

Daniel hatte nichts dagegen einzuwenden. Seine Zähne schlugen aufeinander.

»Hast du Angst? Möchtest du hierbleiben, während ich die Sache erledige? Das ist kein Problem. Ich schaffe es auch allein. Immerhin ist das ja meine Rache ...«

Daniel schüttelte den Kopf: »Ich komme mit!«

Toti drückte Daniel an sich: »Seit du da bist, bin ich wieder glücklich.«

Daniels Herz pochte. Er hatte Angst. Aber er fühlte sich so glücklich wie nie zuvor. Sie vertrieben sich die Zeit mit Handyspielen. Dann schien Toti der Augenblick gekommen. Sie zogen sich die Kapuzen über den Kopf und liefen zur Siedlungsstraße hinauf.

Toti zeigte Daniel eine kleine Kapelle: »Wenn wir fertig sind, läufst du sofort hierher zurück. Das ist der Treffpunkt. So kommen wir unbemerkt aus der Siedlung hinaus.«

Daniel ahnte längst, wem Toti seinen tiefsten Hass gewidmet hatte.

Max Weichselbaum intensivierte den Rhythmus. Die kleine Schlampe hatte eben den Mund aufgespriffzt, um den Samen ihres Heilands in Empfang zu nehmen. Da schnalzte es einmal, zweimal, dreimal, viermal. Max Weichselbaum warf den Laptop von sich. Im Garten war nichts zu sehen. Er lief in die Küche. Die gesamte Hauseinfahrt stand in hellem Licht. Der Bewegungsmelder hatte ordnungsgemäß angeschlagen. Im Schutz des Ligusters und des Carports inspizierte er, was geschehen war. Die Laufschritte des Übeltäters waren deutlich zu hören. Max wagte sich aber nicht zum Gartentor. Er war nackt, und seine Erektion machte ihm zu schaffen. Er hastete ins Haus, um eine Hose anzuziehen. Dann stürzte er die Siedlungsstraße einmal auf und ab. Niemand war zu sehen. Vereinzelt brannte Licht. Sonst herrschte Frieden. Max Weichselbaums Schläfen schwollen an. Kurz meinte er, zu träumen. Wie viele Biere hatte er im Schützenhaus getrunken? In der Einfahrt offenbarte sich die Realität ohne jeden Zweifel. Jemand hatte alle vier Reifen seines BMWs aufgeschlitzt. Max Weichselbaum brauchte nicht eine Sekunde, um zu wissen, wer ihm diese Schmach zugefügt hatte. Er ballte die Fäuste gegen den Himmel. Mit satanischem Eifer würde er die mohammedanischen Flüchtlinge von nun an verfolgen.

Rosalie und Rebecca legten sich ins warme Außenbecken. Der Schwefelgeruch des Thermalwassers würzte die Frühlingsluft.

»Mein Zorn gilt nicht allein meinem Mann. Du irrst dich! Seit heute früh macht mich dieses Flittchen viel verrückter. Sie weiß doch genau, dass unsere Söhne in eine Klasse gehen. Wie blöd kann man sein?«

»Aber sie kam eben gerade recht. Sie lief ihm über den Weg, also nahm er sie. Das nächste Mal ist wieder eine Kellnerin dran, eine Verkäuferin, eine Trafikantin. Dein Mann nimmt sie alle. Er weiß doch genauso gut, dass Daniel und Severin Schulkollegen sind!« Rebecca hatte sich nie zurückgehalten, wenn es darum ging, Fridolin einzuschätzen. Seit vierzehn Jahren betreute sie das immer gleiche Beziehungsleid ihrer besten Freundin.

»Mein primitiver Mann ist nicht fähig, sich einzuschränken oder sich zurückzuhalten. Aber zum Vögeln gehören zwei! Er treibt es mit vielen Frauen, weil es viele gibt, die nichts dabei finden. Hätte diese Schlampe Anstand und Würde, wäre nichts passiert. Mein Mann ist vieles, aber ein Vergewaltiger sicher nicht. Er nimmt sich, was sich ihm bietet, sonst nichts …«

Rebecca wollte das nicht gelten lassen: »Da! Du nimmst ihn schon wieder in Schutz. Ein Mann darf tun und lassen, was er will. Aber die Frau ist eine Schlampe. Das kann doch nicht sein? Wir leben im 21. Jahrhundert. Ich kenne Doris Rainer. Sie ist eine schöne Frau. Und sie ist sehr intelligent.

Dass sie seit dem Kindergarten auf deinen Mann steht, ist blöd, kommt aber vor ... Oder darf eine Frau keine Leidenschaften haben?«

»Ich nehme ihn nicht in Schutz. Ich habe ihn verlassen. Ich hasse ihn. Aber noch mehr hasse ich diese egoistische Gans. Sich in der Küche, bei offenen Fenstern, hernehmen zu lassen, ohne eine Sekunde an das eigene Kind zu denken. Wie strunzdumm kann man sein?«

Rebecca sah Rosalie ins Gesicht: »Es stimmt schon. Doris Rainer ist die dümmste Frau der Welt. Sie dachte, einen reichen Mann zu heiraten wäre genug, um glücklich zu sein. Sie wollte ein großes Haus, Kleider von Gucci und Urlaub an exotischen Orten. Jetzt hat sie einen frigiden Banker, der nicht einmal weiß, wo die weiblichen Geschlechtsorgane sind. Es ist ein Wunder, dass sie schwanger wurde. Wahrscheinlich ist das Kind gar nicht von Sebastian. Sebastian Rainer liebt niemanden, außer sich selbst. Aber die Schuld für das, was passiert ist, liegt trotzdem nur zur Hälfte bei ihr. Der wahre Übeltäter ist dein ewig selbstgerechter Mann!«

Rosalie schwamm eine Länge, um nichts entgegnen zu müssen.

Mit einem Glas Wein und dicken Bademänteln setzten sie sich auf den Balkon. Als Mitarbeiterin der ThermenverwaltungsGmbH belegte Rosalie das Zimmer für sich und ihre Freundin kostenlos. »Wenn ich Fridolin verlasse, was wird aus Daniel? Er liebt seinen Vater. Er ahmt ihn in hundert Dingen nach. Seit neuestem schleppt er Blech durchs Dorf und zimmert ein Haus im Wald.« »Natürlich ist eine Trennung nicht das Beste. Aber schlimmer ist, wenn sich die Partner vor dem Kind täglich streiten oder erniedrigen. Ist dir das lieber?« Rebecca rückte ganz nah an Rosalie heran. Sie warfen sich eine Decke über und suchten darin Unterschlupf. »Daniel ist nicht das Hauptproblem. Ihr liebt ihn beide über alles. Er ist intelligenter als die meisten Kinder. Er hat Großeltern, die ihm jeden Wunsch von den Augen ablesen. Aus ihm wird ein toller, junger Mann, egal ob ihr zusammen oder getrennt lebt. Das Hauptproblem liegt ganz woanders ...«

Rosalie ließ erschöpft den Kopf auf Rebeccas Brust sinken. Rebecca strich ihr sanft über die weiche Kapuze des Bademantels. »Das Hauptproblem ist, dass du dich nach einer Idylle sehnst. Das Hauptproblem ist, dass du Fridolin liebst.«

Rosalie verbrachte den Vormittag im Büro. In der Mittagspause telefonierte sie mit ihrem Vater. Erwin druckste herum. Schließlich rückte er mit der Wahrheit heraus. Rosalie entschuldigte sich bei ihren Kolleginnen und fuhr sofort nach Pielitz.

Erwin stand mit einer Heugabel zwischen den Kühen: »Josefas Mann sagt, sie brauche ein bisschen Erholung. Ich soll mir keine Sorgen machen. Du bist ja auch auf Urlaub, nicht?«

Rosalie rief im Büro an und nahm sich für den nächsten Tag Zeitausgleich. »Ich fahre jetzt an den Attersee!«

Erwin folgte seiner Tochter zum Wagen. »Bitte, richte Theresa schöne Grüße aus von mir!« Er legte die Hand aufs Autodach.

»Mach ich!«, nickte Rosalie. Durch den Rückspiegel sah sie, dass ihr Vater sich nicht von der Stelle rührte. Er stützte sich auf die Heugabel und ließ den Blick schweifen. Sie rief Daniel an. Er klang wie ausgewechselt. In der Schule wären alle nett gewesen. Er hätte bei Opa gegessen. Sie solle sich keine Sorgen machen. Ihre Schuldgefühle wurden ein bisschen gemildert. Auf der Autobahn überfielen sie aber immer dunklere Gedanken. Sie hatte Fridolins Bild vor Augen. Er vögelte Doris Rainer. Nach einer guten Stunde erreichte sie das Haus ihrer Tante. Sie war mit den Nerven am Ende.

Der Gedanke, dass eine Mutter im Vollbesitz ihrer geistigen Kräfte ihr Kind nicht liebte, war dem Pielitztal so verhasst, dass er die schlimmsten Vorverurteilungen produzierte. Nach jenem Vormittag, als das ganze Dorf oder das ganze Tal oder sogar die ganze Welt den rosaroten Schriftzug auf der Hauswand gelesen hatte, schlug Sebastian Rainer seine Frau so fest ins Gesicht, dass sich unter dem linken Auge ein Hämatom bildete. Sie ging zum Arzt, der wiederum die Polizei verständigte. Doktor Peyerleitner hatte einigermaßen zu kämpfen, um den Polizeiinspektor am Vorabend des Palmsonntags zu einer Anzeige zu bewegen.

»Die dritte in drei Tagen«, ärgerte sich der Inspektor, »was ist denn plötzlich los?«

Bald gingen ungeheuerliche Gerüchte um. Doris Rainer verließ Pielitz. Angeblich wollte sie zuerst nach Kreuzenstein, wo sie aufgewachsen war. Angeblich ließ die eigene Mutter sie nicht ins Haus. Sie verließ das Tal. Ihr Aufenthaltsort ist bis heute niemandem bekannt. Einige sagen, sie lebe in Salzburg. Andere meinen, sie wäre nach Amerika ausgewandert. Für Furore sorgte, dass sie sich im Rahmen der Scheidungsverhandlungen nicht um das Sorgerecht für Severin bemühte. Sie wollte mit niemandem aus Pielitz etwas zu tun haben, nicht einmal mit ihrem eigenen Sohn. Aufgrund dieses Verhaltens und unsäglicher Krankheitsgerüchte identifizierte das Dorf in der Person Doris Rainers die Verderbtheit in ihrer schlimmsten Form.

7

Die Geschichte des Stiftes von St. Marien reicht ins Jahr 1250 zurück. Die Prämonstratenser wussten aus dem Wald Kapital zu schlagen. Sie organisierten eine prosperierende Forstwirtschaft und richteten einen Schwemmkanal ein, auf dem das Holz über die Pielitz bis zur Donau transportiert wurde. Sie betrieben zahlreiche Mühlen, handelten mit Salz, und ab 1580 brauten die Ordensbrüder Bier. Darüber hinaus galt ihr besonderes Augenmerk der christlichen Seelsorge. Sämtliche Pfarren des Tals und darüber hinaus wurden von St. Marien aus betreut. Ende des 19. Jahrhunderts richteten die Brüder in den Ordensräumlichkeiten eine Schule ein, deren guter Ruf sich bald über ganz Oberösterreich erstreckte. Im Thermenressort Bad Hiemsbach organisierten sie, nachdem der Kurbetrieb Fahrt aufgenommen hatte, gut besuchte Meditationsseminare. Mit Pater Ronald, der ab 1997 der Schule vorstand, Pater Heinrich, der die wirtschaftlichen Agenden leitete, und Abt Pater Thomas, der den Stiftsbetrieb koordinierte, hatten sich drei Männer gefunden, die sich gegenseitig achteten und ihr Handwerk verstanden. So florierten die Angelegenheiten des Stiftes just in einer Zeit, als immer weniger Menschen an Jesus Christus glaubten.

Pater Heinrich war als drittes Kind einer achtköpfigen Bauernfamilie im Mühlviertel geboren. Ehe er den Ruf Gottes vernahm, spielte er ausgezeichnet Fußball, boxte und führte ein großes Maul. Da die Familie unter der Kargheit der Umstände litt, brachte sie die Kinder unter, wo es eben ging. Heinrich kam in die Obhut der Prämonstratenser, wo er sehr gut gedieh. Die Kalamitäten des Internats, den Sadismus katholischer Pädagogik und die Perversität unterdrückter Leidenschaften steckte er dank seiner robusten Mühlviertler Natur ohne bleibende Schäden weg. Im Gegenteil: Er schwor sich, es selbst besser zu machen, und wurde darüber zu einer herausragenden Figur des klösterlichen Lebens. Sein ökonomisches Geschick in allen landwirtschaftlichen Belangen ließ das Kloster zum bedeutendsten Investor der Gegend aufsteigen. Pater Heinrich spielte weiterhin Fußball und erwies sich selbst in den Vierzigern als umsichtiger Mittelfeldspieler. Bauern und Bürger achteten ihn, auch wenn ihnen die zölibatäre Lebensweise als ein unbegreifliches Mysterium erschien.

Er öffnete die Tür und rieb sich den Sand aus den Augen. Max Weichselbaum machte keine langen Vorreden. »Einer deiner Schützlinge hat mir die Autoreifen aufgestochen. Der Schaden beläuft sich auf weit über tausend Euro. Ich verlange Rückerstattung. Ob vom Orden oder den Islamisten, ist mir egal. Darüber hinaus werde ich eine Anzeige gegen unbekannt einbringen. Die Polizei soll ein Auge auf die Unterkunft werfen. Wehe, es kommt zum kleinsten Gesetzesübertritt. Jetzt wird's ungemütlich, das sag ich dir!«

»Woher willst du wissen, dass es einer der Flüchtlinge war?«

»Ich weiß es. Wer soll es sonst gewesen sein? Denkst du, meine Nachbarn stechen mir die Reifen auf? Ich lebe seit fünf Jahren in der Siedlung, ich bin Pielitzer. Einer dieser

Araber schnurrt seit Tagen vor meinem Haus herum. Ich habe ihn beobachtet. Willst du die Leute aus St. Marien beschuldigen?«

Pater Heinrich konnte ein Gähnen nicht unterdrücken: »Ich beschuldige niemanden, solange ich nicht weiß, wer es gewesen ist. Erst wenn ich Gewissheit habe, spreche ich von Schuld. So machen es alle normalen Leute.«

Max Weichselbaum hob den Zeigefinger: »Willst du mir sagen, dass ich nicht normal bin?«

»Ich möchte sagen, du sollst dich abreagieren. Es ist sieben Uhr in der Früh. Gesunde Urteilskraft wird durch starke Emotionen gestört.«

»Ich bin ganz ruhig«, fauchte Max Weichselbaum, »der Einzige, der nicht normal ist, bist du. Du kapierst nicht, dass die normalen Leute hier keine Mohammedaner wollen. Ihr seid viel zu lange über uns Österreicher drübergefahren. Was glaubst du? Nur weil ihr keinen Sex habt, seid ihr etwas Besseres? Dass ich nicht lache! Perverse Kinderschänder seid ihr, das weiß jeder.«

Pater Heinrich bat Max Weichselbaum die Pforte zu verlassen. Max Weichselbaum stieg aufs Fahrrad und verschwand.

Tags zuvor hatte Totis Bruder in Linz gegen das Suchtmittelgesetz verstoßen. An der Donaulände neben dem Brucknerhaus hielten ihn zwei Polizisten an. Sie fanden ausreichend Cannabis, um rein persönlichen Gebrauch fragwürdig zu finden. Der Streifenpolizist ließ ihn wissen: »Positive Asylbescheide werden nicht ausgestellt, wenn der Asylberechtigte eine Gefahr für Österreich darstellt. Wir schicken dich sofort nach Syrien zurück, wenn du in unserem Land nur Blödsinn machst.«

Karim fluchte. Nach einer Stunde des Abwägens und einem frischen Joint rief er seinen Vater an. Die Linzer Polizei telefonierte mit der Pielitzer Wachstube.

Der Pilietzer Polizeiinspektor Gernot Jazosch hatte wenig Freude mit den Anzeigen, die innerhalb kurzer Zeit bei ihm eingingen. Präpotente Anrufe aus der Landeshauptstadt goutierte er prinzipiell nicht. Max Weichselbaums Aufgeregtheit um acht Uhr morgens schien ihm übertrieben. Pielitz war ein ruhiges Dorf. In den dreißig Jahren seiner Amtszeit war keine einzige ernstzunehmende Straftat begangen worden. Sieben Gramm Cannabis und aufgeschlitzte Reifen erschütterten das Rechtsempfinden des Inspektors nicht. Um nicht der Untätigkeit bezichtigt zu werden, setzte er sich an den Folgetagen abends ins Auto. Extralangsam fuhr er durch sämtliche Ortschaften von St. Marien. Beim alten Wirtshaus und bei Pater Heinrichs Wohnung hielt er. Beide schwärmten für den FC Bayern München, woraus sich vor Jahren eine Freundschaft entwickelt hatte. Öffnete sich der Pater hinten in der Pergola ein kühles Trumer-Pils, ließ sich auch der Inspektor ausnahmsweise dazu hinreißen.

Toti und Daniel rannten unterhalb der Kapelle an der Hecke des Freibades entlang. Sie kletterten über den Zaun, überquerten die große Liegewiese und sprangen auf der anderen Seite in ein unbewirtschaftetes Feld. Sie hielten sich auf Feldwegen und flüchteten unbemerkt aus der Siedlung. In der Wengerau bogen sie in den Wald ein und wurden langsamer.

Toti steckte das Messer in die Hose: »Wir haben es geschafft!«

Daniel atmete schwer. Er bat um eine kurze Pause: »Ich muss dir etwas sagen...«

Der dunkle Wald war nicht länger furchteinflößend, sondern beruhigend. Sie setzten sich auf einen Granitkoloss. Daniel hielt sich den Bauch wegen des Seitenstechens. Schweiß floss über seine Schläfen. Er zögerte, mit der Wahrheit herauszurücken. Vielleicht würde Toti ihn verstoßen oder zumindest schimpfen? Andererseits konnte er nicht länger damit hinter dem Berg halten. Er wollte vor Toti kein Geheimnis haben oder Informationen zurückhalten. »Wir haben die Reifen meines Onkels aufgeschlitzt!«

Toti machte große Augen: »Was? Was sagst du? Der Typ ist dein Onkel?« Er umarmte Daniel: »Du Dummkopf! Es tut mir leid.«

Daniel fand langsam seinen Atem wieder: »Er ist der Bruder meiner Mutter, aber der größte Feind meines Vaters. Sie haben sich sogar einmal geschlagen. Mein Vater war natürlich stärker als er. Er ist ein Arschloch!«

»Ja? Bist du sicher?« Sie erhoben sich und gingen still nebeneinander her. Toti kam darauf zurück: »Bist du ganz sicher, dass du mir nicht böse bist? Ich meine, er ist dein Onkel. Er gehört zu deiner Familie. Euer Blut ist verwandt. Für uns Araber ist jeder Onkel, jede Tante, jeder Cousin, jede Cousine sehr wichtig, auch wenn es manchmal schwierig ist, mit allen auszukommen! Aber wo wären wir ohne Familie?«

Daniel wollte, dass Toti keine Schuld empfand. Er war sich seiner Sache sicher: »Aber bei uns ist es umgekehrt. Aus der Familie kommen alle Probleme und nur aus der Familie.«

Es war spät geworden. Sie legten sich auf die Isomatte. Toti öffnete den Schlafsack. Er breitete ihn über sich und Daniel. Daniel schlief sofort ein.

Am nächsten Morgen verließen die beiden das Baumhaus, um bei ihren Familien vorstellig zu werden.

»Hast du die Nacht im Wald verbracht?« Erwins Stimme klang nicht streng.

Daniel schnitt eine Grimasse und setzte sich zu seinem Großvater. »Dein Vater hat sich Sorgen gemacht. Ich habe ihn angelogen und ihm gesagt, du wärst bei mir ...«

Während Daniel mit Toti durch den nächtlichen Wald gelaufen war, hatte der Vater mehrmals angerufen. Daniel hatte keine Lust gehabt, mit ihm zu sprechen.

»Opa, ihr braucht euch keine Sorgen zu machen. Wir haben ein Baumhaus gebaut. Es sind Ferien. Die Mama ist auf Urlaub gefahren. Es war cool, draußen zu schlafen. Was soll denn passieren?«

Erwin blätterte in der Zeitung. »Ist ja gut. Wie viele seid ihr denn da draußen?« Daniel spürte, dass er sich seinen Großvater zum Verbündeten machen musste. »Wir sind zu zweit. Aber ich bitte dich! Du darfst niemandem davon erzählen! Wir machen nichts Verbotenes.«

Dann reizte es ihn plötzlich sehr, sich weiter zu erklären. »Mein Freund kommt aus Arabien, musst du wissen! Er spricht Arabisch!« So wie er es gesagt hatte, bereute er es.

Er sah, dass sein Opa die Augenbrauen hob: »Aus Arabien? Ist er ein Flüchtling? Aus dem alten Wirtshaus?«

Daniel nickte. Doch Erwin lächelte. »Gebt acht, dass euch die Jäger nicht erwischen. Sie mögen es nicht, wenn man sich im Wald herumtreibt.«

Daniel sprang auf, um seinem Opa neuen Kaffee einzuschenken: »Heute Nachmittag helfen wir dir!«

Toti reichte dem älteren Herrn umständlich die Hand. Erwin gab ihm das Blaugewand von Theresa. Sie reinigten den Boden des Schweinestalls. Toti verzog keine Miene. Bei zwei

Mutterschafen stand die Geburt unmittelbar bevor, zwei hatten bereits geworfen. Erwin zeigte Toti, wie man Schafe molk. Es stellte sich heraus, dass Toti das bereits wusste. Zu dritt hievten sie einen frischen Heuballen zu den Kühen. Dann schliffen sie in der Tischlerei dicke Holzpfeiler zurecht, die Erwin für den Obstgarten brauchte. Während des Nachmittags telefonierte Daniel mit Paul, seinem Vater und mit seiner Mutter. Nach fünf Uhr hängten sie das Stallgewand an den Nagel und wuschen sich die Hände. Erwin stellte Brot, Butter, Käse und Speck auf den Tisch. Beim Verabschieden steckte Erwin Toti zwanzig Euro in die Jackentasche. Toti lehnte das Geld entschieden ab. Er legte es zurück auf den Tisch. Daraufhin drohte ihm Erwin mit strenger Miene, was Toti verunsicherte.

Sie liefen in den Wald hinein, und Daniel lachte: »Ich helfe ihm immer, aber Geld bekomme ich nie!«

»Was soll ich tun? Ich dachte, dein Opa wird böse! Das Geld ist haram! Ich werde es spenden!«

Sie vertrieben sich die Zeit mit Rauchen und Reden. Um zehn Uhr verließen sie das Baumhaus, um sich ein zweites Mal zu rächen.

Erwin konnte nicht schlafen. Der Araber hatte zugepackt. Sein Enkel ebenso. Junge Menschen mussten arbeiten, daran zweifelte er nicht. Auf der Welt gab es nichts Schöneres, als auf getane Arbeit zurückzublicken. Die Würde des Menschen bestand darin, dem Leben mit kraftvollen Händen eine Gestalt zu geben. Erwin wagte einen abwegigen Gedanken: Würde ihm Toti öfter helfen, ginge es dem Hof besser.

Der Gedanke wurde vom Bild seines ältesten Sohnes gestört. Unerwartet war Max am Vormittag vor der Tür gestanden. Seltsamerweise war er mit dem Fahrrad gekommen. Erwin hatte im Laufe der Woche mehrmals versucht, ihn zu erreichen. Die Familienfeier am Sonntag war gründlich in die Hose gegangen. Max hatte um Schweinsohren und Milch gebeten. Erwin war in den Kühlraum gegangen, dann hatte er die Kühe gemolken. Max hatte zwanzig Euro auf den Tisch gelegt. Erwin hatte nur den Kopf geschüttelt: »Seit wann glaubst du, für getrocknete Schweinsohren zahlen zu müssen? Was tust du denn damit?«

Max hatte nicht nach der Mutter gefragt. Ihre Abwesenheit war ihm nicht einmal aufgefallen. Was hatte das zu bedeuten? Erwin wälzte sich hin und her. Warum war sein ältester Sohn so missraten?

Sämtliche Hausbewohner waren ausgeflogen. Rosalie stellte erleichtert fest, dass ihre Mutter das Wort an sie richtete. Sie reichten sich Butter, Marmelade und die Kaffeekanne. Sie beschlossen, nach dem Frühstück gemeinsam spazieren zu gehen. Über den Attersee zogen Wolken. Wo die Sonne durchbrach, glitzerte das Wasser.

»Sieh dir die Blausterne an«, sagte Theresa, »da! Die Forsythien!«

Zu Mittag kam Josefa aus der Apotheke und Irene aus der Schule. Josefas Mann aß im Ort, da die Apotheke am Freitag zu Mittag nicht schloss. Rosalie war erleichtert. Sie hatte das Bedürfnis, sich mitzuteilen. Die Anwesenheit ihrer Tante und ihrer Cousine tat ihr gut.

»Es passiert nicht zum ersten, sondern zum hundertsten Mal. Ich fürchte, dass ich mich daran gewöhne. Im Gespräch mit Rebecca ist mir bewusst geworden, dass mich die Sache nicht mehr so verletzt. Ich denke mir, er ist eben so und meint es nicht böse. Er kann nicht treu sein. Haben nicht die Männer eine etwas andere Biologie? Sind sie nicht quasi genetisch untreu? Ich beginne zu glauben, was er mir die ganze Zeit einredet. Die Treue entspricht einem Provinzdenken. Mit der Natur des Menschen hat sie nichts zu tun.«

»Was? Hörst du dir eigentlich zu? Was soll dieses Gerede von den Genen? Was hat das menschliche Verhalten mit Biologie zu tun? Vom biologischen Standpunkt her gibt es nur Selbsterhaltung und Fortpflanzung. Jedes menschliche Verhalten fällt entweder in die eine oder in die andere Kategorie. Dass wir uns Ringe schenken, ins Kino gehen, an Gott glauben oder nicht, dass wir die Zeitung lesen, uns Witze erzählen, Klavier spielen, uns verlieben und beim Essen Kerzen anzünden, all das ist für Biologen entweder Imponiergehabe oder Brutpflege, oder sinnlos. Was hat also die Biologie mit unserem praktischen Alltag zu tun? Spinnenweibchen fressen die Männchen nach dem Geschlechtsakt auf. Für die Aufzucht der Nachkommen hat sich das bewährt. Sollen wir es genauso machen? In der Biologie sitzt das Weibchen am längeren Ast. Weibliche Hammerhaie können sich ganz ohne Männer fortpflanzen.« »Aha. Lernt man das heute in der Schule?« Josefa musste über ihre Tochter schmunzeln. »Aber auch ich denke, du machst es ihm zu einfach. Er kann nicht die Biologie vorschieben oder den Sozialismus, wenn er einfach Verantwortung übernehmen soll. Ihr seid eine Familie, ihr habt ein Kind, da kann man sich nicht wie ein räudiger Hund benehmen. Die Menschen haben Gefühle, in der Schule gibt es Gerede, im Leben zählen Stolz und Liebenswürdigkeit – das kann er doch nicht alles ausblenden!«

»Mich würde interessieren, ob du dasselbe tun dürftest. Ob du dich mit demselben biologischen Quatsch rechtfertigen könntest? Was ist, wenn du dir eine Affäre gönnst? Wenn du dir einen oder zwei andere Männer neben ihm hältst? Nehmen wir an, du wirst von einem schwanger. Dürftest du von ihm verlangen, dass er auch dieses Kind versorgt oder zumindest unter seinem Dach akzeptiert? Bei den Tieren und Pflanzen gibt es keine Vaterschaftstests. Kuckuckskinder sind in der Natur ganz normal. Schimpansenweibchen schlafen vorsorglich mit allen Männchen des Rudels. So nehmen sie alle in die väterliche Pflicht. Wäre dein Mann so konsequent, das zuzulassen?«

»Aber das ist eben das Schlimmste an allem. Ich habe gar kein Bedürfnis nach einem anderen Mann. Mir fehlt es nicht an Verehrern! In der Therme haben wir einen Haustechniker, der mir sehr gut gefällt. Er macht mir Avancen. Ich habe mir noch nie ernsthaft gedacht, ich möchte mit ihm ins Bett!«

Rosalie verlor an Sicherheit. Sie senkte die Stimme und zögerte, das Folgende auszusprechen. Sie warf einen kurzen Blick auf ihre Mutter: »Es verletzt mich am allermeisten, dass er kaum mit mir schläft. Ich möchte ihm gefallen. Doch es gelingt mir nur zur Hälfte oder gar nicht. Was nützt mir dann, dass mich ein hübscher Elektriker verehrt? Nach Jahren und Problemen möchte ich noch immer von meinem eigenen Mann verehrt werden. Das ist die Tragödie.«

Theresa verfolgte das Gespräch stumm. Sie erhob sich nicht, um sich hinzulegen oder auf die Terrasse zu gehen. Sie blieb am Tisch. Ihr Blick wanderte zwischen den Frauen hin und her. Sie war die Älteste. Sie war vollständig ergraut. Sie blieb still.

Rosalie wandte sich direkt an sie: »Mama, du sagst gar nichts?«

Doch Theresa legte die Stirn in Falten, ohne ein Wort zu

verlieren. Ihr Blick floh am eigenen Körper hinab zu Boden. Dann wieder streckte sie den Rücken und hörte distanziert zu. Die Ausführungen ihrer Nichte, die in Biologie maturierte, verfolgte sie mit sichtbarem Erstaunen. Ansonsten war es schwer, ihre Einstellung zu ergründen. Woran dachte diese Frau? Was ging in ihr vor? Was war geschehen?

Am Abend fand Rosalie erneut einen Moment mit ihrer Mutter. »Papa richtet dir schöne Grüße aus. Er ist niedergeschlagen. Telefonierst du manchmal mit ihm?«

Theresa tat so, als hätte sie nichts gehört. Rosalie wiederholte ihre Frage. Theresa räusperte sich: »Ja, am Mittwoch haben wir kurz telefoniert.«

Rosalie wartete. Theresa sah ins Leere. »Mama, hat das alles mit Papa zu tun? Habt ihr euch gestritten? Ist etwas passiert zwischen euch? Ist er auch fremdgegangen? Hat er dir etwas angetan?«

Theresa senkte den Kopf. Sie flüsterte unverständliche Dinge.

Rosalie spürte, dass ihre Mutter im Boden versinken wollte. »Mama, ich verstehe, dass du nicht reden willst, weil es unangenehm ist. Aber das bringt nichts. Du musst endlich sagen, was los ist. Sonst wird alles nur noch schlimmer.«

Blitzschnell änderte sich Theresas Gesichtsausdruck. Die Verlegenheit wich jener strengen Miene, die Rosalie an ihrer Mutter ein Leben lang gekannt hatte: »Für euch ist das sehr einfach mit dem Sprechen. Aber mir fällt es schwer, mich auszudrücken. Sehr schwer!«

Rosalie betrachtete das Poster an der gegenüberliegenden Wand. Es zeigte einen weiblichen Filmstar, den sie nicht kannte. Der Titel des Films war italienisch. Die Frau sah herausfordernd in den Raum. Sie ähnelte Irene. Rosalie fühlte sich wohl in diesem Kinderzimmer. Sie vermisste Daniel. Immer wieder fiel sie in einen Zustand völliger Ratlosigkeit oder Unsicherheit. Sie wusste nicht, mit welcher Einstellung sie nach Pielitz zurückkehren sollte. Es war unmöglich, eine Entscheidung zu fällen. Sie sah sich hilflos irgendwohin treiben.

Die Tür öffnete sich einen Spalt. Theresa schob zaghaft den Kopf herein. Sie setzte sich ans Bett. Das rätselhafte Verhalten der Mutter belastete Rosalies Nerven zusätzlich, gespannt verfolgte sie jede Geste.

Theresa ließ die Schultern hängen. Sie legte die Hände in den Schoß und erhob leise ihre Stimme: »Ich weiß selbst nicht genau, was mit mir los ist. Mit Erwin hat es nichts zu tun. Gleichzeitig hat alles mit ihm zu tun. Mein ganzes Leben. Er hat keine Schuld. Und doch trägt er an allem die größte Schuld! Ich kann es nicht ausdrücken. Das ist es, was mich krank macht. Am allermeisten brauche ich Zeit. Die Arbeit hat vierzig Jahre lang alles zugedeckt. Meine Wünsche, aber auch seine. Bitte verzeih mir, wenn ich so grob bin. Ich wünsche mir von ganzem Herzen, dass es dir gut geht! Ich wünsche mir, dass du es besser machst als ich. Du bist meine Tochter. Ich habe dich aufgezogen, so gut ich konnte. All meine Gedanken und Gefühle gehören dir, das musst du mir glauben. Ich leide mit dir, auch wenn ich es nicht zeigen kann. Bitte verzeih mir das!« Theresa erhob sich. Ihre Augen standen unter Wasser.

Rosalie wollte sich aufrichten. Ihre Mutter wehrte alles ab und verließ das Zimmer.

Max Weichselbaum arbeitete zu Hause. Nach dem erfolgreichen Abschluss der China- und Schweden-Geschäfte konkretisierte sich ein Großauftrag in Ägypten. Mit der New Kuraimat Electricity Station in der Nähe von al-Fayyūm hatten sie bereits vor drei Jahren erfolgreich verhandelt. Sein Geschäftspartner sah keine großen Hürden. Blieb die politische Lage stabil, würden sie liefern. Ein Geschäftsabschluss war noch vor Monatsende möglich. Sie verabschiedeten sich ins Wochenende. Max Weichselbaum versuchte seine Frau zu erreichen. Sie schickte ihm eine SMS. Er telefonierte mit Sebastian Rainer. Langsam legte sich sein Missmut. Von seinem Nachbarn borgte er sich das Auto. Er fuhr nach Eferding und kaufte vier neue Reifen samt Felgen. Dann erfüllte er sich einen lang gehegten Wunsch. In den Donauauen neben der Stadt lag das größte Tierheim des Bezirks. An einem der viel zu kleinen Hundezwinger war es schnell um ihn geschehen. Max verliebte sich binnen einer Minute. Die treuherzigen Augen des Rüden blickten ihm tief in die Seele. Zu Hause im Garten begann er sofort mit einem kleinen Training.

Auch Sebastian Rainer ließ das Wochenende früher als normal beginnen. Die Nacht über hatte er keinen Schlaf gefunden. Sie aßen in Kreuzenstein zu Mittag. Max' Erzählung quittierte er mit Verwunderung: »Aber wir sind doch erst um elf vom Schützenhaus gekommen? Wieso stellst du dein Auto nicht in die Garage?«

»Wofür habe ich mir einen Carport bauen lassen? Wer rechnet denn mit so etwas?«

Sebastian lächelte. »Ich verstehe. Jetzt hast du dir einen deutschen Wachhund angeschafft.«

Max Weichselbaum kraulte das Tier liebevoll am Kragen. Er steckte ihm ein getrocknetes Schweinsohr ins Maul.

Punkt sechzehn Uhr hatten sie sich auf eine Vorgangsweise geeinigt. Sebastian Rainer brannte darauf, Fridolin Kluger etwas anzutun. Im Bett war ihm etwas eingefallen. Zwar standen die Chancen schlecht, Fridolin zu Hause anzutreffen. Sie wollten es dennoch gleich versuchen. Sie schritten durch den Vorgarten zu seinem Haus und läuteten. Niemand öffnete. Sie gingen einmal ums Haus herum. Die Terrassentür stand offen. Max Weichselbaum betrat das Wohnzimmer. Er rief nach Rosalie und Fridolin und Daniel. Der Schäferhund schwänzelte aufgeregt alle Stockwerke auf und ab. Nichts regte sich.

»Diese Idealisten lassen das Haus offen stehen. Sie leben noch ganz in der guten, alten Zeit.«

Als sie unverrichteter Dinge wieder in die Autos stiegen, bog Fridolins Pick-up in die Einfahrt.

Fridolin Kluger hatte seinen Sohn zwei Tage lang nicht gesehen. Er machte sich keine Sorgen. Daniel liebte den Hof und den Wald seines Großvaters. Seit er klein war, lief er dort aus und ein. Fridolin wusste, dass der alte Weichselbaum seinen Enkel über alles stellte. Umso mehr kränkte ihn Daniels Abwesenheit. Es war Freitagnachmittag. Er wollte mit ihm zur Pielitz gehen. Das Wetter war ausgezeichnet. Die Fische würden beißen. Am Fußballplatz in Bad Hiemsbach spielte um achtzehn Uhr die Kampfmannschaft. Doch Daniel mied das Haus. Die vergangene Nacht war Fridolin allein vor dem Fernseher gesessen. Selbst nach mehrmaligen Versuchen hatte er Daniel nicht erreicht. Fridolin machte sich keine Illusionen. Daniel sprach ihn schuldig. So innig die Bande zwischen Vater und Sohn auch schienen, eine Verletzung der Mutter ertrugen sie nicht. Er kannte den Moralismus der Kinder. Kaum ein Zwölfjähriger war mit Ungerechtigkeiten strenger ins Gericht gegangen als er selbst. Anstatt ihn zu reuen, rührte ihn der Gedanke. Daniel war ihm nicht nur aus dem Gesicht, sondern auch aus der Seele geschnitten. Den ganzen Tag hatte Fridolin an ihn denken müssen. Er wollte sich mit Daniel versöhnen oder verbrüdern oder ihm einfach nur die Hand um die Schultern legen. Die beiden Volltrottel in seiner Einfahrt hatte er nicht vermisst.

»Was kann ich für euch tun? Ich habe keine Zeit.«

»Es dauert nicht lange. Nur eine Kleinigkeit. Sollen wir kurz ins Haus?«

Fridolin schüttelte den Kopf. »Ich bin schmutzig. Ich komme von der Arbeit, richtiger Arbeit. Wir reden hier oder gar nicht!«

Sebastian Rainer stieg aus. Max Weichselbaum blieb im Auto.

»Es geht um Folgendes: Wie man so hört, hattest du unlängst ein Techtelmechtel mit meiner Frau. Ich möchte dir sagen, dass mich das überhaupt nicht stört. Ich Unglücksrabe habe eine sehr untreue Frau geheiratet. Das ist nicht einfach. Irgendwann findet man sich damit ab ... Ich schlafe seit Jahren nicht mehr mit der Schlampe, und das ist auch gut so ...« Fridolin packte Sebastian Rainer am Kragen. Er drückte ihn gegen Max Weichselbaums BMW. Der Schäferhund im Inneren geriet aus dem Häuschen. Max musste ihn mit beiden Armen festhalten.

»Ich verbiete dir, in diesem Ton über Doris zu sprechen. Sie ist eine erstklassige Frau. Leider war sie so unklug, auf dich hereinzufallen. Ich kann ihr nichts verdenken. Hin und wieder braucht jeder ein bisschen Zärtlichkeit. Sie ist ein Mensch. Sie hat Gefühle. Sie wollte es lange nicht glauben: Du bist eine geldgeile Schwuchtel und sonst nichts.«

Sebastian Rainer ließ sich nicht beirren. »Wir wissen beide, dass ich keine Schwuchtel bin. Dass Doris eine Hure ist, ist eine Tatsache. Wie erklärst du dir sonst, dass sie seit Jahren – wie soll ich sagen – nicht ganz gesund ist? Von mir hat sie es jedenfalls nicht. Ich hoffe, du hattest ein Kondom dabei. Das ist es, was ich dir eigentlich sagen wollte.«

Max Weichselbaum schob zurück. Sebastian Rainer folgte ihm. Das nervtötende Gebell entfernte sich.

Daniel wollte wissen, was »haram« bedeutet.

»Haram ist alles, was gegen den Koran ist. Im Koran steht, was ein guter Moslem tun muss. Den Koran hat der Prophet Mohammed geschrieben. Gott hat ihm die Sätze direkt in die Ohren hinein diktiert. Deshalb ist der Islam die reinste Religion auf der Welt.«

Daniel rümpfte die Nase: »Mein Vater sagt, Religion ist Opium fürs Volk.«

»Was ist Opium?«, wollte Toti wissen.

»Opium ist eine Droge. Sie macht die Menschen blöd und süchtig.«

»Das ist haram!«, empörte sich Toti.

Sie querten die Pielitz. Sebastian Rainers Haus thronte über dem Siedlungsgebiet. Majestätisch in den Hang gebaut, glich es einem Schloss. Eine Freitreppe führte links und rechts auf eine große Terrasse. Daniel kannte jeden Winkel. Sie hatten hier tausendmal Räuber und Gendarm gespielt. Severin und er waren die meiste Zeit Freunde gewesen. Dann wieder hatten sie sich völlig zerstritten und wieder versöhnt. Es kam auf die Schnelligkeit an. Das schwierigere Wort würde er selbst schreiben. Toti hatte nur fünf Buchstaben zu bewältigen. Der eine lief links, der andere rechts die Treppe hinauf. Auf halber Höhe zückten sie die Dosen. Die Bewegungsmelder sprangen an. Die gesamte Terrasse erstrahlte in hellem Licht. Nach wenigen Sekunden war alles vorbei. Sie rannten hinter dem Carport aus dem Garten. Unten im Dorf wandten sie sich zum ersten Mal um. Selbst im Dunkel der Nacht war der Schriftzug gut zu erkennen.

»Toti, du Blödmann, du hast von rechts nach links geschrieben!«

»Mann, ich war so nervös. Ich dachte, mir rutscht die Spraydose aus der Hand.«

Sie flitzten in den Wald. Beim Baumhaus rauchten sie eine Zigarette. Sie lachten und fielen sich in die Arme. Ihr Durst nach Rache war gestillt.

Die Bäckerei von Pielitz hatte Ende der neunziger Jahre zugesperrt. Der alte Hochmaier fand niemanden, der den Betrieb übernommen hätte. Eine große Einzelhandelskette sprang in die Bresche. Sie errichtete hinter dem alten Speicher den ersten Pielitzer Supermarkt samt Parkplatz. Seither gab es in Pielitz, wo man über tausend Jahre lang täglich Korn gemahlen hatte, kein frisches Brot mehr. Der seltsame Schriftzug erheiterte die Bevölkerung. Am Samstagvormittag herrschte am Parkplatz reger Betrieb.

»itsaB – Schwuchtel« leuchtete es von der weiß gestrichenen Wand herunter. Zwar echauffierten sich manche, doch der Großteil konnte sich ein Schmunzeln nicht verkneifen.

Sebastian Rainer trat gegen Mittag auf die Terrasse. Die rosaroten Lettern brannten in seinen versoffenen Augen. Er rief seinen Sohn. Ohne ein Wort zu sagen, begutachtete Severin, was geschehen war. Sebastian Rainer versuchte die Farbe mit Wasser abzuwaschen. Er holte seine Frau.

Doris kam aus dem Untergeschoß des linken Flügels, wo sie sich eine kleine Wohnung eingerichtet hatte. Sie lachte. Sebastian Rainer riss sie am Arm. Sie hörte nicht auf zu lachen, da schlug er ihr auf den Mund. Doris schluckte. Ihre Oberlippe blutete. Sie nannte ihn Scheusal und Arschloch. Sebastian Rainer stieß sie zu Boden. Er drosch ihr mit der Faust ins Gesicht.

Severin brüllte: »Hört auf! Hört auf! Ihr seid krank!«

Sebastian Rainer ließ von seiner Frau ab. Doris Rainer zitterte. Sie packte den Autoschlüssel. Doktor Peyerleitner verarztete sie. Nach einer Beruhigungsspritze fuhren sie zu Polizeiinspektor Jazosch. Sie erstatten Anzeige gegen Sebastian Rainer wegen schwerer Körperverletzung.

Eine Woche vor Ostern schwelgte das Tal im Frühling. In den Teichen bildeten sich schwarze Kaulquappenschwärme. An den Ufern wucherten Hänsel und Gretel. Hänge, Wiesen und Auen leuchteten in frischem Grün. Auf den Feldern wurde gesät, und es summte und lärmte in allen Hecken. Der schöne Specht hatte sich eine Partnerin gefunden. Gemeinsam umsorgten sie das Nest über dem Baumhaus. Die Eiablage stand kurz bevor. Und während die Natur ungebremst der Sonne entgegenströmte, hielten die Menschen inne, um nachzudenken und Entscheidungen zu treffen.

Fridolin entschied sich, gleich am Montag Doktor Peyerleitner aufzusuchen. Rosalie telefonierte mit ihrem Wiener Bruder und vereinbarte für den Palmsonntag ein Treffen am Attersee. Im Anschluss sollten alle zu ihren Familien zurückkehren. Sie setzte ihren Sohn davon in Kenntnis. Daniel offenbarte Toti, dass er spätestens Sonntagabend das Baumhaus verlassen musste, oder seine Mutter würde ihn eigenhändig herunterzerren. Toti nahm das betrübt zur Kenntnis. Sebastian Rainer und Max Weichselbaum schworen, Sonne, Mond und Sterne in Bewegung zu setzen, um jenen Moslem zurück in die Wüste zu schicken, der ihnen die Wand vollgeschmiert und die Reifen aufgeschlitzt hatte. Erwin hingegen setzte sich nach dem Mittagessen vors Haus. Er hing seinem liebsten Gedanken nach: Der neue Knecht würde seine Frau entlasten, und alles würde wieder so wie immer. Von der Schönheit dieses unvermuteten Auswegs durchdrungen, bekam er Lust, in den Wald zu gehen. Beim Gewehrkasten geriet er ins Stocken. Es mochte ein Irrtum oder ein Versehen sein. Aber ihm fehlte eine Flinte.

Severin Rainer brütete im Dunkeln. Sein Hass fand keinen Weg nach draußen. Er hatte sich im Zimmer vor dem Computer eingeschlossen. Tief in die Katakomben eines Shooterspiels abgetaucht, versuchte er alle Gedanken abzutöten.

8

Als Lehrer kannst du das wahrscheinlich nicht verstehen. Ich möchte dir nicht zu nahe treten, aber du gehst zu Mittag aus dem Dienst, oder? Ich hab mein Geld nicht in der Lotterie gewonnen. Ich steh von früh bis spät unter Druck. Seit zehn Jahren. Es wird immer mehr eingespart. Die Personalkosten von vor zehn Jahren kann sich heute keine Bank mehr leisten. Früher gab es in St. Marien vier Schalter. Der Kundendienst hatte höchste Priorität. Heute bedienen vier Angestellte die Kundschaft von Pielietz, St. Marien und Bad Hiemsbach. Einzahlen, auszahlen, überweisen, du weißt es ja selbst, das musst du heute selber machen. Das Management ganz oben versteht nicht, dass die alten Bauern keinen Internetanschluss haben. In der Wengerau wissen die Leute bis heute nicht genau, was das Internet eigentlich ist. Es war schwer genug, ihnen eine Bankomatkarte zu verkaufen.

Am Land ist es nicht so leicht, Leute zu entlassen. In der Stadt stelle ich mir das einfacher vor. Ich führe ein freundliches Gespräch, bedaure die Kündigung, dann sehe ich das Armutschgerl nie wieder. Am Land geht das nicht. Ich habe die Tochter von Renate Haberleitner entlassen. Dabei liefern uns die Haberleitners seit dreißig Jahren Lammfleisch. Mit Gernot Schließer aus Kreuzenstein spiele ich jeden Donnerstag Tennis. Seine Frau musste letztes Jahr gehen. Sie haben einen Sohn in Ausbildung. Denkst du, das ist lustig? Du überlegst: Was ist das geringere Übel? Eine, zwei, drei Personen entlassen? Dafür rettest du den Betrieb. Es stimmt, ein paar Leute mussten gehen. Doch wir haben die Filiale in Pielitz erhalten. Noch. Alle feiern den technischen Fortschritt. Jeder hat ein Handy in der Hosentasche und fuchtelt damit herum. Doch die Apps fressen unsere Arbeitsplätze. Fondsmanager braucht es bald nicht mehr. Ein Programm prüft in fünfzig Sekunden die Rentabilität der gefinkeltsten Anlage. Da hab ich mir gerade erst die Ärmel hochgekrempelt.

Seit zehn Jahren schimpfen die Leute auf die Banken. Dabei sind es nicht wir, die das Unheil angerichtet haben. Es sind die Leute selbst. Es ist die Politik. In Wahrheit ist das sehr kompliziert. Die Menschen verstehen überhaupt nichts von Wirtschaft. Ich schwöre es dir! Neunundneunzig Prozent der Pielitzer wissen nicht, wie eine Bank funktioniert. Sie glauben, es sei ein Naturgesetz, dass das Geld am Sparbuch mehr wird. Das ist Blödsinn. Wir können nur Zinsen zahlen, wenn gleichzeitig investiert wird. Leiht sich niemand von uns Geld aus, was sollen wir dann mit all den kleinen Sparschweinen, die die Leute bei uns unterstellen? Man muss sich fragen: Warum wird nichts investiert? Warum können wir keine lukrativen Kredite vergeben? Weil die Leute Angst haben! Niemand will zehn oder zwanzig Jahre lang Geld zurückzahlen. Er weiß nämlich nicht mehr, ob er so lange in Lohn und Brot steht.

Logischerweise hat sich unser Hauptgeschäft verschoben. Mit den Einlagen von Pielitzer Elektrikern machen wir kein Geschäft. Für sie ist es sicher ein großer Moment, wenn sie uns fünfhundert, tausend oder sogar zehntausend Euro zustecken. Für uns ist es eher mühsam. Wir verdienen heute ganz woanders. Wir verwalten viel größere Summen und arbeiten international. Gibst du uns richtiges Geld, beteiligen wir dich an Unternehmungen in Buenos Aires, Peking, Kapstadt und Panama. Er tut mir leid, wenn ich das sagen muss. Das Genossenschaftswesen, die Kleinanlegerei, die Sparbüchse – diese Modelle gehen den Bach runter. Ich strecke mich, so gut ich kann. Ich bin hier aufgewachsen. Das ist meine Heimat. Aber auf kurz oder lang wird es in Pielitz keine Bank mehr geben. Wer kein Kapital hat, dem kann auch die Bank keines verschaffen. Wir können nicht zaubern. So sieht es aus.

Frag doch endlich, wem wir diese Unsicherheit zu verdanken haben! Wieso fürchten sich die Leute? Wieso haben sie kein Vertrauen in die Zukunft? Warum kann man sich auf nichts verlassen? Warum wurde die Tischlerei verkauft? In Pielitz, wo man seit Adam und Eva Holz verarbeitet? Warum sperren die Mühlen zu? Warum ist die Bäckerei eingegangen? Warum gibt es seit zehn Jahren keinen Fleischer mehr? Warum sperrt kein neuer auf? Essen die Leute wirklich kein Fleisch mehr? Schmeckt ihnen frisches Brot nicht mehr? Sind Tische tatsächlich aus der Mode gekommen? Wie erklärt man sich das in der Stadt? Was sagen die intellektuellen Stadtmenschen dazu? Welchen Reim macht sich die berühmte Wirtschaftsuniversität darauf? Nix für ungut, aber ihr habt keine Ahnung!
    Die Linken glauben, man muss den Leuten Geld geben. Dann renkt sich alles wieder ein. Das ist so blöd, darüber möchte ich aus der Haut fahren. Wenn du jemandem Geld schenkst, ist damit nichts gewonnen. Genauso gut kannst du Wasser pflügen. Der Mensch will etwas erschaffen. Das liegt in seiner Natur. Meine Familie hat zweihundert Jahre nur ge-

arbeitet. So kommt das Kapital in die Welt. Okay, wir hatten ein bisschen Glück und besaßen ein paar Hektar Wald. Doch ein Wald allein ist nichts als Rinde, Himbeeren und Ameisenhaufen. Du musst eine Axt in die Hand nehmen. Das ist beschwerlich. Du musst die schweren Stämme transportierbar machen. Das ist gefährlich. Wie viele von uns sind in der Pielitz ersoffen? Du musst ein Risiko eingehen. Mein Urgroßvater hat das Sägewerk auf Pump gebaut. Er hätte alles verlieren können. Es hat sich bezahlt gemacht. Ich durfte nicht Germanistik oder Orientalistik oder abstrakte Malerei studieren. Das war ausgeschlossen, selbstverständlich.

Was verdient man als Lehrer? Es hält sich in Grenzen, nehme ich an. Du bekommst dein Geld vom Staat. Mir leuchtet ein, dass es dich nicht juckt, wenn du einen Teil davon wieder zurückgeben musst. Nach höheren Steuern schreien die, die selbst kaum Steuern zahlen. Ich arbeite in der Privatwirtschaft. Wir handeln mit unserem eigenen Kapital. Würdest du, so wie wir, von Montag bis Freitag privates Geld aufs Spiel setzen, würdest du die Sache etwas anders sehen. Wenn wir Gewinne machen, weil wir uns den Arsch aufreißen, dann ärgern wir uns, wenn die Hälfte davon der Staat einsteckt. Max arbeitet wie ein Verrückter. Er kennt weder Sonn- noch Feiertage. Sein Betrieb schafft Arbeitsplätze. Sie haben allein im letzten Monat zwei junge Leute aufgenommen. Natürlich verdient er gut. Wieso soll er die Hälfte hergeben? Kannst du mir das erklären? Damit ein Moslem auf der faulen Haut liegen kann? Das versteht niemand.

Ehrlich gesagt verstehe ich nicht, was diese Leute wollen. In ihrem Land ist Krieg? Sie sollen kämpfen! Was haben unsere Großväter gemacht? Mein Urgroßvater hat enorme Anleihen bezahlt. Dein Großvater war in Sibirien. Die Russen haben ihn nicht gefragt, ob er Hendl oder Schwein essen möchte. Überall dasselbe schludrige Denken! Anstatt die Sache selbst in die Hand zu nehmen, erwartet man, dass Hilfe kommt. Aber wieso sollen wir einen Finger rühren? Die Amerikaner hatten ein Interesse an Europas Rettung! Wir waren Brudervölker, beide christlich, abendländisch, liberal! Aber was geht mich ihr närrischer Prophet an? Kannst du mir das erklären? Jetzt hocken sie hier bei uns und sind vierundzwanzig Stunden beleidigt. Was haben sie sich gedacht? Dass wir einen roten Teppich ausrollen? Unsere Frauen in der Küche anbinden? Die Kreuze von den Kirchen schlagen? Ist nur einer von ihnen bei klarem Verstand? Ich bin kein Rassist, aber Faulheit und Frechheit zusammen – das bringt mich in Rage.

Über meine Frau will ich nicht sprechen. Das geht niemanden etwas an. Ich kann dir nur so viel sagen: Ich bereue nicht, was ich getan habe. Es war eine Wohltat. Bei uns ist die Frau emanzipiert. Sie ist dem Manne gleichgestellt. Doris hat mir das bis zum Erbrechen an den Kopf geworfen. Dazu sage ich nur so viel: Wären Frauen und Männer tatsächlich gleich, hätte ich viel fester zugeschlagen. Sie kann von Glück reden, dass ich sie als Frau behandelt habe. Ich habe meine Frau verehrt. Sie war extrem gutaussehend. Viele Männer wollten sie. Ich wollte, dass sie glücklich ist. Ich habe ihr jeden Wunsch von den Lippen abgelesen. Ich wollte nicht, dass sie arbeiten geht. Wegen mir hätte sie zu Hause bleiben und ein freies Leben genießen können. Der Junge hätte eine richtige Mutter bitter nötig. Ich verdiene genug. Aber sie war nicht davon abzubringen. Damit hat es begonnen. Von Anfang an hat sie alles zerstört, was ich mir vorgestellt habe.

Der Junge hat einen Schock. Aber was soll ich tun? Ich habe zu arbeiten. Ich muss für ihn sorgen. Ich kann mich nicht ununterbrochen um ihn kümmern. Meine unselige Frau interessiert sich nicht für ihn. Das sagt schon alles. Ich höre, er treibt sich jetzt ausgerechnet mit dem Kluger herum. Das macht mir zu schaffen. Ich habe mir schon gedacht, ich stecke ihn ins Internat. Er braucht Struktur. Andererseits würde ich mir eher die Hand abhacken, als ihn zu den Eunuchen zu geben. Die Kirche hat einen Gutteil an dem Schlamassel mitzuverantworten. Der Pater Heinrich gehört eingesperrt. Was der sich an dem einen Wochenende geleistet hat, das hält man nicht für möglich. Die Kirche verhöhnt ihre eigene Heimat. Hat sich dieser Idiot jemals überlegt, was er uns schuldig ist? Vor vier Jahren hat meine Bank die komplette Renovierung des Deckenfreskos in der Basilika übernommen. Dabei schwimmt der Orden im Geld, das weiß jeder. Als Dank setzt er uns zwanzig Islamisten nach St. Marien?

Ein größerer Idiot als Pater Heinrich ist nur unser Gemeindeinspektor. Damit wird bald Schluss sein. Die Landespolizeidirektion wird von Leuten der »Bewegung« geflutet. Entweder sie schicken Jazosch in Frühpension, oder er wird versetzt. Der ist die längste Zeit Inspektor gewesen.

Verstehst du nicht? Diese Halbaffen kämpfen nicht. Sie arbeiten nichts. Sie behandeln ihre Frauen wie Dreck. Bei jedem Furz fuchteln sie mit dem Koran. Sie handeln mit Drogen. Sie stechen Autoreifen auf. Sie beschmieren Wände. Aber nein! Bestraft werden wir! Man selbst wird zur Sau gemacht, weil man sich die Einhaltung der Gesetze erbittet. Diese Null von einem Inspektor hat mich beschimpft! Die Welt ist verrückt geworden. Anders lässt sich das nicht ausdrücken.

Für die Sache mit Doris zahle ich gerne. Die Anzeige wegen Hausfriedensbruchs ist eine perverse Farce. Mein Anwalt wird Pater Heinrich und den Inspektor fertigmachen.

Viel schlimmer hat es Max erwischt. Er ist völlig gebrochen. Ein gebildeter Mensch wie du versteht das doch – Max ist auch nur ein Mensch! Er hat von Kindheit an hundert Prozent geben müssen. Mit ihm waren die Eltern strenger als mit dir oder Rosalie. Ich war viel bei euch am Hof, das weißt du. Max und ich kennen uns seit der Volksschule. Ich weiß, wie es bei euch zuging. Dein Vater war kein Kind von Traurigkeit. Er hat, auf seine perfide Art, ordentlich ausgeteilt. Er prügelte nicht, wie unsere Großväter. Aber missmutig wurde er bei der kleinsten Gelegenheit. Jede Form von Ungeschicklichkeit oder Faulheit verachtete er. Ohrfeigen verteilte er mit Leidenschaft. Man musste arbeiten, oder es hagelte Ärger. Lob bekam man prinzipiell nicht. Max hat er viel härter beurteilt als dich. Das musst du zugeben! Du bist fünf Jahre jünger. Theresa hat dich immer in Schutz genommen.

Seine Siedlung wurde von einem Tag auf den anderen mit Mohammedanern geflutet. Diese Leute kommen aus dem Krieg. Niemand hat die ansässige Bevölkerung gefragt, ob sie das möchte. Max fühlte sich überrumpelt. Dann verließ ihn seine Frau. Dann wurde seine Mutter krank. Dann hat sich die gesamte Familie gegen ihn gestellt. Dieser beschissene Kluger will ihm permanent eine reinhauen. Dann wurden ihm die Autoreifen aufgestochen. Reicht das nicht, um die Nerven zu verlieren? Nach dem Vorfall im Wald hat er tagelang geweint. Es ist ein Wunder, dass er nicht auf der Psychiatrie gelandet ist. Das glaubst du nicht, weil du ihm keine Gefühle zugestehst. Es passt nicht in dein Bild vom rechtskonservativen Ungeheuer. Max fügt sich eben nicht in deine romantisch-literarische Welt. Ihr redet immer von Toleranz. Aber einem liberalen Pielitzer, der Unmengen an Steuern zahlt und nichts anderes möchte als seine Ruhe – dem bringt ihr wenig Verständnis entgegen. Max sehnt sich nach Ruhe. Er ist der friedliebendste Typ, den ich kenne. Das ist die Wahrheit. Du müsstest sehen, wie liebevoll er mit dem Hund umspringt. Sein Rex und er – das ist wirklich ein Bild für Götter!

9

Noch während er versuchte, die rosarote Farbe von der Mauer zu waschen, telefonierte Sebastian Rainer mit Max Weichselbaum. Beide Männer konnten nicht verstehen, wie die Ereignisse ineinandergriffen. Aber dass zwischen der beschmierten Wand und den aufgeschlitzten Reifen ein Zusammenhang bestand, bezweifelten sie nicht eine Sekunde.

»Fridolin hat dich gestern Schwuchtel genannt. Aber ich kann mir nicht vorstellen, dass er Hauswände beschmiert. Dafür ist er zu primitiv. Er haut zu, wenn ihm etwas nicht passt.«

»Das Ganze wirkt wie ein Kinderstreich. Sie haben nicht ›Basti‹, sondern ›itsaB‹ geschrieben, in die falsche Richtung!« Das Lösungsmittel hinterließ trübe Flecken. Die gesamte Mauer musste neu gestrichen werden.

»Was? Dann ist die Sache klar. Es war der Araber! Ich kenne sie. Wir handeln seit Jahren mit ihnen. Wider besseres Wissen schreiben sie alles verkehrt.« Sebastian Rainer leuchtete nicht ein, was Max Weichselbaum meinte. Aber er war froh, dass der Verdächtige so schnell ermittelt werden konnte. Und sie beschlossen, der Sache sofort nachzugehen.

Beim alten Wirtshaus stießen sie die Tür auf. In der Küche fanden sie drei Frauen, die Petersilie und Erdäpfel wuschen. Die Frauen warfen sich betretene Blicke zu und riefen nach ihren Männern. Kurz darauf versammelten sich die Hausbewohner auf der Terrasse. Man verstand nicht, was die Eindringlinge wollten. An ihrem Auftreten las man ab, dass Stress bevorstand. Totis Bruder steckte neugierig den Kopf durch die Tür.

Darauf hatte Max nur gewartet: »Da! Da ist er!« Er packte Karim am Arm. »Wie heißt du? Hast du die Hauswand beschmiert? Hast du meine Reifen aufgeschlitzt? Warum machst du das? Wir holen die Polizei!«

Karim war so erschrocken, dass er tatsächlich seinen Namen nannte.

Nun trat auch Herr Azmeh auf die Terrasse. Er sah, dass sein Sohn festgehalten wurde. Er hörte, dass »Polizei« gerufen wurde, und geriet in Panik. Mit beiden Fäusten stürzte er auf Max Weichselbaum los. Sebastian Rainer konnte ihn nicht bremsen. Herr Azmeh hieb auf Max Weichselbaum ein. Max Weichselbaum lockerte den Griff, um sich zu verteidigen. Karim entwischte. Eine Minute später lief Pater Heinrich auf die Terrasse.

Pater Heinrich rief sofort die Polizei. Max Weichselbaum war extrem aufgebracht. Sebastian Rainer ebenso. Am schlimmsten stand es um Karims und Totis Vater. Er tobte. Immer wieder ging er auf Max Weichselbaum los. Die Umstehenden konnten ihn kaum zurückhalten. Max Weichselbaum riss der Geduldsfaden. Er schlug Herrn Azmeh die Faust in den Bauch. Herr Azmeh sank zu Boden.

Auf der Stelle entstand sich ein großer Tumult. Fünf oder sechs Bewohner des alten Wirtshauses schossen auf Max Weichselbaum zu. Pater Heinrich hatte Mühe, sie zurückzudrängen. Sebastian Rainer hielt sich einen Meter abseits. Er befeuerte die Szene mit abfälligen Bemerkungen. Pater Heinrich befahl ihm, den Mund zu halten. Darüber empörte sich Max Weichselbaum so sehr, dass er Pater Heinrich zur Seite stieß. Pater Heinrich sah sich dem Ganzen nicht mehr gewachsen. Er hieb Max Weichselbaum mit der Faust an die rechte Schläfe. Max Weichselbaum taumelte. Er fiel ins Gras. Für einen Augenblick kehrte Ruhe ein. Vor dem Haus parkte der Streifenwagen.

Inspektor Jazosch und sein junger Kollege verschafften sich einen Überblick. Pater Heinrich schilderte den Vorfall. Sebastian Rainer erhob lautstark Einspruch: Der Pater hätte vergessen zu erzählen, dass ihm heute Nacht die Hauswand beschmiert worden wäre. Die Frage nach konkreten Beweisen gegen Karim Azmeh konnte Sebastian Rainer nicht beantworten. Nur so viel: Es gäbe stichhaltige Gerüchte. Max Weichselbaum richtete sich auf. Er rieb sich das Gesicht. Seine Augen funkelten beim Sprechen. Pater Heinrich hätte ihn brutal zu Boden geschlagen. Er möchte das sofort zur Anzeige bringen. Der Inspektor ging nicht darauf ein und richtete das Wort an Sebastian Rainer: »Du kommst mit mir auf die Wachstube. Gegen dich läuft eine Anzeige wegen Körperverletzung! Doris war gerade bei mir!«

Sebastian Rainer schlug ungläubig die Hände über dem Kopf zusammen. Jazosch wandte sich an Max Weichselbaum: »Und du verlässt sofort dieses Gebäude. Im Falle einer Anzeige wegen Hausfriedensbruchs kannst du eine Sachverhaltsdarstellung einbringen. Pater Heinrich hat sich gewehrt, sonst nichts. Bis auf weiteres gilt für dich hier Betretungsverbot. Du hast dich dem alten Wirtshaus nicht mehr zu nähern.«

Das fehlende Gewehr ließ Erwin keine Ruhe. Er fuhr nach St. Marien. Max war in einem sehr nervösen Zustand. Er hielt sich einen Eisbeutel gegen die rechte Schädelhälfte. Das Sprechen bereitete ihm Schwierigkeiten. Sein linker Arm zeigte Kratzer und Schrammen. Er ging unruhig im Wohnzimmer auf und ab. Der Schäferhund kreiste ihm um die Beine.

»Was ist denn los? Was ist mit deinem Gesicht? Du hast dir einen Hund besorgt? Gehst du wieder jagen?«

Max zischte: »Gejagt wird im Herbst. Ich habe mir einen Hund besorgt, um mich vor den Asylanten zu schützen. Sie haben mir die Reifen aufgestochen.«

Erwin legte die Stirn in Falten. »Du hast dich mit ihnen geschlagen? Bist du sicher, dass es die Flüchtlinge waren?«

Mehr brauchte es nicht: »Was glaubst denn du? Dass mir meine Nachbarn die Reifen aufschlitzen? Seid ihr alle verrückt geworden? Natürlich waren das die Asylanten. Einer dieser Burschen ist tagelang ums Haus geschlichen. Ich habe ihn verjagt. Da hat er sich gerächt. Hinterlistige Bestien allesamt.«

Erwin betrachtete seinen aufgewühlten Sohn. »Nicht alle sind so, wie du denkst. Es gibt auch Gute unter ihnen. Daniel ist mit einem von ihnen befreundet. Sie helfen mir am Hof. Ein ganz patenter Kerl.«

Max hielt inne: »Was? Wie heißt dieser Freund?«

»Toti heißt er. Sie waren eben noch bei mir! Wir haben endlich alle Stempen für den Obstgarten fertig. Ab Montag kann ich den Zaun erneuern.«

Max glaubte nun zu wissen, wie sich alles zusammenfügte. Der Schmerz in der rechten Schädelhälfte verringerte sich prompt.

Erwin beschlich ein ungutes Gefühl. Um das Thema zu wechseln, kam er auf die Ursache seines Besuchs zu sprechen: »Eigentlich wollte ich dich fragen, ob du ein Gewehr von mir genommen hast. Mir fehlt eine Franchi, Kaliber 12.«

Max schüttelte den Kopf. Warum sollte er das tun? Er hätte seine eigenen Flinten.

Erwin nickte. »Natürlich. Morgen kommt übrigens deine Mutter vom Attersee zurück ...«

Max nahm den Eisbeutel von der Schläfe und legte ihn auf den Tisch. »So? Ich wusste gar nicht, dass sie am Attersee ist. Geht es ihr endlich besser?«

»Ich denke schon. Sie hat eine Auszeit gebraucht. Die viele Arbeit, jetzt im Frühling, das hat sie kaputt gemacht. Wir machen ja seit Jahren alles alleine ...« Max konnte nicht ruhig sitzen bleiben. Für die ewig gleichen Vorwürfe hatte er keine Geduld. Er ging in die Küche, kehrte ins Wohnzimmer zurück, trat in den Garten, ging wieder in die Küche, setzte sich, stand wieder auf und drehte sich im Kreis. Die Aufregung, die in der Luft lag, übertrug sich auf den Schäferhund. Ohne Unterlass hechelte er zwischen Max' Beinen herum. Max zog das Telefon aus der Hosentasche, steckte es zurück, zog es wieder hervor und steckte es wieder zurück. Erwin wunderte sich über das sonderbare Verhalten seines Sohnes.

»Du, Papa! Ich habe zu telefonieren, es ist wichtig ...« Erwin seufzte und verließ das Haus.

Max Weichselbaum beriet sich mit dem Landesparteivorsitzenden. Der verwies ihn an den Chef des Bundesamts für Fremdenwesen und Terrorismusbekämpfung, ein Parteifreund der »Bewegung«. Man koordinierte sich mit der Landespolizeidirektion in Linz. Nach zwei intensiven Stunden stand die Vorgehensweise fest.

Erwin war erleichtert. Zwischen den Wacholdersträuchern und dem Brunnen lehnte die fehlende Flinte. Er stellte sie in den Gewehrkasten zurück, versperrte ihn, zog den Schlüssel ab und versteckte ihn im hintersten Winkel des Schlafzimmers. Im Übermut hatten Daniel und Toti es wohl zu weit getrieben. Er setzte sich den Hut auf. An der Bergkuppe, wo der Hang Richtung Bad Hiemsbach abfiel, begann er zu pfeifen. Der Kaiser Josef erwartete ihn. Aus St. Marien würde der alte Reinprechtsberger herüberkommen. Sie wollten Karten spielen. Was Erwin zu jenem Zeitpunkt dachte und fühlte, ist verbürgt: Er war dankbar, zuversichtlich und beinahe glücklich.

Am 17. Dezember 2010 protestierte der Straßenverkäufer Mohamed Bouazizi vor der Verwaltung der tunesischen Gemeinde Sidi Bouzid. Man hatte ihm zum wiederholten Male, aus undurchsichtigen Gründen, die Genehmigung für seinen Marktstand entzogen. »Was erwartet ihr? Wovon soll ich leben?«, schrie er zornig zu den geschlossenen Fenstern hinauf.

Statt ihm zu helfen, gab ihm die Polizei eine Ohrfeige. Mohamed Bouazizi verlor die Geduld. Er goss sich Benzin über den Leib und zündete sich an. Damit veränderte er den Verlauf der arabischen Geschichte. In Tunesien, Bahrain, Libyen und Ägypten begannen Menschen aufgebracht auf die Straßen zu gehen. Zwei Monate später, im Februar 2011, erreichten die Unruhen das syrische Städchen Dar'ā. Nach einer langweiligen Mathematikstunde liefen Klassenkollegen von Karim Azmeh hinter die Garagen neben dem Schulgebäude. Sie rauchten eine Zigarette. Sie unterhielten sich über den ungünstigen Lauf der Welt. In einem Anfall von Ingrimm kauften sie sich Spraydosen. Gegen Abend schrieben sie mit schwarzer Farbe »Das Volk will den Sturz des Regimes« an die Wand. Kurz darauf wurden alle eingesperrt. Zwei von ihnen überlebten das Gefängnis nicht.

Karim Azmeh hatte überhaupt nichts an die Wand geschmiert. Die Miliz verdächtigte ihn trotzdem. Er wurde beobachtet. Abends begann der Nachrichtendienst rund um den Block der Azmehs zu patrouillieren. Karims Vater sah aus dem Fenster und ballte die Faust. Toti hetzten sie einen Dobermann hinterher. Er konnte sich gerade noch über einen Zaun retten. Dabei riss er sich beide Handflächen und den Unterschenkel auf. Die beiden Brüder ähnelten sich, wenngleich nicht allzu sehr. Wie sie es wagen konnten, einem elfjährigen Kind einen Kampfhund hinterherzuhetzen, darüber verlor Herr Azmeh die Nerven. Dann bekamen sie Karim zu fassen. Karim ging vom Markt nach Hause. Er rauchte eine Zigarette. Die Leute des Nachrichtendienstes fassten ihn am Kragen, zerrten ihn ins Auto und schlugen ihm einen Gewehrkolben in den Schritt. Karims Eltern taten kein Auge mehr zu. Die Vorstellung, ihre Söhne würden im Gefängnis gefoltert, ertrugen sie nicht. Karims Mutter hatte Familie in Jordanien. Sie planten zu fliehen. Doch schon Ende März kam es nach dem Freitagsgebet zu brutalen Gefechten. Die Sicherheitskräfte des Regimes hielten sich nicht mehr zurück. Mehrere Panzergeschosse trafen das Haus der Familie Azmeh. Marah Azmeh, die Mutter von Toti und Karim, kam zu Tode. Zwei schreckliche Tage später erreichte der Vater mit seinen Kindern und einem Sarg Jordanien.

Pater Heinrich bat Herrn Azmeh, vom Schnaps zu trinken. Herr Azmeh lehnte das ab. »Ich bin gläubiger Moslem. Ich trinke keinen Schnaps.«

»Ich mache mir Sorgen um Ihr Herz, Herr Azmeh. Bitte trinken Sie!«

Herr Azmeh trank das Glas in einem Zug. Pater Heinrich füllte es erneut. Samer Azmeh stützte sich auf die Lehne der Gartenbank und atmete schwer. Er klagte über Schmerzen im Brustbereich. Max Weichselbaums Faustschlag hatte ihn schlimm getroffen. Vielleicht hatte er bei dem Tumult einen kleinen Infarkt erlitten.

Pater Heinrich wiederholte alles aufs Neue: »Karim sitzt in der Klosterküche. Toti treibt sich im Wald herum. Ihr habt eben telefoniert. Den Jungen geht es gut. Solange Sie in St. Marien sind, wird Ihnen und Ihren Kindern nichts geschehen! Das schwöre ich!«

»Bei uns Moslems schwört man nicht. Gegen den Satan ist Schwören machtlos.«

Pater Heinrich hielt Herrn Azmeh das Schnapsglas hin.

»Soll ich ein zweites Mal gegen das Gesetz des Propheten verstoßen?«

»Ich bitte Sie darum.« Herr Azmeh trank. Nicht der Schnaps, sondern Pater Heinrichs Anwesenheit beruhigte seine Nerven.

»Sie müssen stark sein, Herr Azmeh. Ich befürchte, die beiden Idioten werden nicht so schnell Ruhe geben. Dennoch – ich versichere Ihnen – solange Sie im Schutz des Ordens wohnen, wird Toti, Karim und Ihnen nicht das Geringste passieren.«

Herrn Azmehs Kopf sank auf die Brust. Er begann still zu weinen. Pater Heinrich zündete sich eine Zigarette an. Nach einer Weile wischte sich Herr Azmeh müde übers Gesicht: »Ich bin achtundvierzig Jahre alt. Ich habe alles verloren. Wo bin ich hier? Wo ist meine Frau? Was wird aus den Kindern? Sie sind das einzig Gute in meinem Leben. Warum helfen Sie uns?«

Pater Heinrich lächelte: »Mein Prophet sagt einen berühmten Satz: ›Was ihr für einen meiner geringsten Brüder getan habt, das habt ihr mir getan.‹ Denken Sie darüber nach! Dieser Satz ist schöner als alles, was ich kenne. Er hat mich zum Priester gemacht. Herr Azmeh, ich bitte Sie, bleiben Sie stark! Bald wird alles besser, das verspreche ich Ihnen.«

Doch bevor alles besser wurde, wurde es fürchterlich. Der Palmsonntag war ein guter Tag für fremdenpolizeiliche Maßnahmen. Längst waren die Fremdenrechtsbestimmungen auf Druck der »Bewegung« so weit verschärft worden, dass Asylwerber ohne Angabe von Gründen festgenommen werden konnten. Der Verdacht des Terrorismus bestand praktisch immer, zumal gegen Menschen muslimischen Glaubens. Im vorliegenden Fall war die Verdachtslage aus polizeilicher Sicht nachgerade erdrückend (Rauschgifthandel, schwere Sachbeschädigung und Sabotage). Das Volk saß vormittags in der Kirche oder beim vorösterlichen Frühstück. Man ließ Palmzweige weihen und aß gefärbte Eier. Niemand würde irgendetwas mitbekommen. Pünktlich um acht Uhr sprangen sechs Polizisten aus dem schwarzen Kleinbus.

Sie stürmten das alte Wirtshaus mit schweren Stiefeln, kugelsicheren Westen, Schlagstöcken, Munition und Langwaffen. Nachdem sie maximalen Wirbel erzeugt hatten, stellte sich heraus, dass die Verdächtigen nicht da waren.

Herr Azmeh hielt sich genau an Pater Heinrichs Anweisungen: »Meine Söhne sind im Wald. Sie sind vor einer Stunde aufgebrochen.«

»Haben Ihre Söhne ein Handy?«

»Sie haben ein Handy. Aber leider funktionieren die Handys nicht.« Das war die Wahrheit.

»Was suchen sie im Wald? Um diese Uhrzeit?«

»Sie suchen Schwammerl«, antwortete Herr Azmeh. Den meisten Polizisten kam auch diese Antwort irgendwie plausibel vor. Sie waren in Linz aufgewachsen. Der Kommandant hingegen stammte aus einem Dorf bei Braunau. Er wusste genau, dass im Frühling keine Pilze wuchsen.

»So ein Blödsinn«, sagte er. Er beorderte die Einheit in den Bus zurück.

Der Kommandant telefonierte: »Sie sind angeblich im Wald. Wir sind zu sechst. Der Wald reicht bis in die Alpen. Das ist absurd.«

Man bat ihn zu warten. Da näherte sich Max Weichselbaum samt Schäferhund dem schwarzen Bus.

Er besprach sich mit dem Kommandanten. Man ließ sie einsteigen. Max Weichselbaum lotste sie zum Hof seines Vaters. Im Schutz der getönten Scheiben beobachtete er das Geschehen. Dem aufgeregten Hund hielt er mit beiden Händen das Maul zu. Nur der Kommandant näherte sich der Haustür. Die Mannschaft blieb sitzen. Erwin Weichselbaum öffnete. Max konnte das Allermeiste verstehen. Er sah, wie sein Vater den bewaffneten Kommandanten freundlich ins Haus bat. »Kommen Sie, Kommen Sie! Sehen Sie sich um!«, war deutlich zu hören.

Der Kommandant winkte ab. Zurück im Wagen, stellte er fest: »Wir brauchen Verstärkung. Sie sind im Wald. Ohne Helikopter finden wir die Bande nie.«

Max Weichselbaum schüttelte alarmiert den Kopf. Dass seinetwegen am Palmsonntag Helikopter über dem Dorf kreisen könnten, war ihm unangenehm.

»Versuchen wir es! Ich bin hier aufgewachsen. Ich habe den Hund dabei. So weit werden sie nicht sein. Haben wir bis Mittag niemanden gefunden, brechen wir die Sache ab.«

Der Kommandant hatte nichts einzuwenden. Das Wetter war herrlich. Sie fuhren sieben Kilometer Richtung Bad Hiemsbach. Max Weichselbaum dirigierte sie auf eine schlecht asphaltierte Straße, die an die Waldgrenze führte. Sie parkten gut versteckt unter den Zweigen einer Esche. Max Weichselbaum hatte seinem Vater die Fremdenpolizei ins Haus geschickt. Er wollte ihm keinesfalls begegnen. Die Mannschaft setzte sich in Bewegung. Max Weichselbaum kannte die Gegend. Genau wie Daniel hatte er im Wald seine Kindheit verbracht. Er hatte sein Sehnen in Stämme geritzt, und auf versteckten Lichtungen, tief verborgen im Schutz des Unterholzes, hatte er sich dann und wann erlaubt zu weinen.

Tags zuvor, zur selben Zeit, waren die Burschen am Hof gewesen. Sie hatten bei Erwin gefrühstückt. Sie halfen ihm im Stall und in der Tischlerei. Sie schliffen die fehlenden Stempen für den Obstgarten. Danach jagten sie sich gegenseitig mit dem Gartenschlauch über die Wiese. Ihre Ausgelassenheit hallte durch alle Gemäuer. Sie duschten, was dringend notwendig gewesen war. Totis Brust war stark behaart. Daniel staunte nicht schlecht. Erwin wollte für Toti ein frisches Hemd suchen. Während er im Schlafzimmer passende Kleidungsstücke aussortierte, zeigte Daniel Toti den Gewehrkasten. Mit nacktem Oberkörper legte sich Toti eine Flinte über die Schultern. Er neigte sein dunkles Haupt und drückte das rechte Auge zu. Kurz vor Mittag läutete das Festnetztelefon. Rosalie kündigte an, am nächsten Tag mit der Mutter nach Pielitz zurückzukehren. Erwin freute sich so sehr über den Anruf, dass er sich um halb zwölf Uhr ein Bier aufmachte. Für den Abend vereinbarte er eine Kartenpartie mit Kaiser Josef. Sie aßen zu dritt zu Mittag. Toti aß zum zweiten Mal Eier mit Speck. Den Fünfzigeuroschein wollte er diesmal keinesfalls annehmen. Doch Erwin drohte ihm, hob den Finger und senkte streng die Stimme. Toti wurde unsicher und fühlte sich verpflichtet. Er wollte den alten Herrn keinesfalls beleidigen. Daniels Nicken gab ihm zu verstehen, dass es sich so gehörte. Beim Baumhaus erkundigte er sich: »Lebt dein Opa ganz allein in diesem riesigen Haus?«

»Nein, er lebt dort mit meiner Oma. Aber meine Oma ist krank und auf Urlaub.«

»Oje. Was hat sie denn?«

»Ich weiß es nicht. Das weiß niemand. Sie schläft den ganzen Tag. Sie kommt morgen zurück, mit meiner Mutter. Deshalb muss ich morgen unbedingt nach Hause!«

Gegen drei Uhr Nachmittag, sie hockten in der Sonne und rauchten, erhielt Daniel einen Anruf von Totis Vater. Daniel reichte Toti das Handy. Toti warf während des Gesprächs ahnungsvolle Blicke zu Daniel hinüber. Daniel verstand nichts.

»Gerade sind zwei Männer im Quartier gewesen. Sie haben Karim beschuldigt, dass er eine Hauswand beschmiert und Autoreifen aufgeschlitzt hat. Diese Idioten! Sie wollten Karim sogar festnehmen. Zum Glück hat der Pater Heinrich den einen gleich niedergeboxt. Dann ist der Inspektor Jazosch gekommen und hat den anderen festgenommen. Mein Vater meint, ich soll mich hier noch ein bisschen verstecken, bis alles wieder ruhig ist. Karim wohnt jetzt im Stift. Dort kann die Polizei nicht hinein. Siehst du, wie gut es war, dass wir dieses Haus gebaut haben?«

Daniel zückte das Messer: »Was hältst du davon, wenn wir uns Pfeile schnitzen? Und uns mit Steinen eindecken? Damit können wir uns von hier oben verteidigen, falls die Volltrottel uns finden.« Sie kletterten nach unten, um sofort damit zu beginnen.

Wenige Minuten später läutete erneut das Telefon.

»Hier geht's zu wie in einem Büro«, sagte Toti.

Daniel setzte sich auf die Erde. »Was gibt's?«

»Endlich erreiche ich dich! Möchtest du gar nicht mehr nach Hause kommen? Ich habe dich seit Mittwochabend nicht gesehen. Bist du die ganze Zeit bei Opa? Kommst du heute Abend?« Fridolin sprach so laut, dass Toti alles mithören konnte.

»Nein! Ich komme morgen, wenn Mama wieder da ist.«

»Was isst du denn die ganze Zeit? Der Opa kann ja gar nicht kochen.«

»Wir essen jeden Tag Spiegeleier und Speck. Vorgestern haben wir eine Forelle gefangen. Ich habe sie ganz allein ausgenommen und gegrillt.«

»Aha! Du gehst mit dem Opa fischen?«

Daniel zögerte. »Nein! Ich und ein Freund haben gefischt. Du kennst ihn nicht. Er wohnt in St. Marien.«

»Wo habt ihr sie gefangen? Du weißt, dass die Forelle im April Schonzeit hat.«

Daniel log: »In der Pielitz, unterhalb des Sägewerks. Sie hatte keine Eier bei sich.«

»Zum Glück. Das will der Opa sicher nicht, dass du in der Schonzeit auf die Jagd gehst. Da verstehen die Jäger keinen

Spaß. Daniel! Dann sehen wir uns morgen? Ja? Ich vermisse dich, hörst du? Ich freue mich, wenn du endlich nach Hause kommst. Du sollst mit mir fischen gehen und mit sonst niemandem.« Daniel verabschiedete sich. Er blinzelte ins Sonnenlicht. Toti näherte sich auf Samtpfoten und steckte ihm einen langen, dünnen Ast in den Hintern. Daniel lachte und versuchte Toti zu Boden zu werfen. Sie rollten am Waldboden herum. Sie schnitzten sich Speere und sammelten so viele Steine, wie sie finden konnten.

Abends spazierten sie zum Kerzenstein. Auf einem Plateau zwischen Föhren und Eichen ragte seit Millionen von Jahren ein zwölf Meter hohes Granitmonument in den Himmel. Der Wind hatte die übereinandergestapelten Steinkolosse zu einer schlanken Säule geschliffen. Die Burschen kletterten hinauf. Rings um sie lag, so weit das Auge reichte, Wald. Baumkrone reihte sich an Baumkrone. Zwischen Wald und Horizont hing der Mond. Unweit der Steinsäule spannte eine Eule ihre Flügel. Die Vögel der Nacht lösten die letzten Schwalben ab. Sterne überzogen den gesamten Himmel.

Die Jungen berauschten sich an der Weite, redeten und rauchten. Kurz vor Mitternacht kehrten sie zum Baumhaus zurück. Daniel schlief ein, und Toti erhob sich, um zu beten. Wie so oft, holte ihn nachts die Erinnerung ein. Sein Gebet verwandelte sich in ein Gespräch mit der Mutter. Er bat sie, ihn, seinen Bruder, seinen Vater und seinen neuen Freund zu beschützen.

Sie waren knapp eine Stunde durch den Mischwald gezogen, da schien der junge Schäferhund eine Fährte aufzunehmen. Er ließ sich kaum bändigen und drängte die Mannschaft unermüdlich fort. Max Weichselbaum hielt ihn an der kurzen

Leine. Die Polizisten folgten mehr oder weniger enthusiastisch. Allein der Kommandant genoss die Bewegung an der frischen Luft. Auf seinem Tablet glich er alle paar Minuten die Lage ab. Er freute sich über die unverhoffte Abenteuerlichkeit des Einsatzes. Er konnte seinen exzellenten Orientierungssinn unter Beweis stellen. Sie hatten jene Forellenzucht erreicht, an der sich Daniel und Toti vor drei Tagen bedient hatten. Max hielt den erregten Hund unter Mühen zurück, ins Wasser zu springen.

»Das blöde Vieh hat die Fische gerochen«, flüsterte eine Polizistin ihrem Kollegen zu. Sie war genervt und sah nicht ein, wie man zwei Jugendliche in einem Wald, weit wie das Meer, finden sollte.

Daniel stand gähnend zwischen den Holunderstauden, als ihn der Großvater erreichte. »Ist Toti bei dir? Seid ihr im Wald?«, seine Stimme klang besorgt.

»Ja! Wir sind gerade aufgestanden. Was ist denn passiert?«

»Die Fremdenpolizei ist da. Sie suchen Toti und seinen Bruder. Das ist kein Spaß! Wenn sie ihn erwischen, muss er in Schubhaft. Bleibt gut versteckt! Kommt nicht zu mir frühstücken, hast du verstanden?«

Daniel verabschiedete sich. Er wusch sich im Bach die Hände und spürte, wie sich sein Magen zuschnürte. Er lief zum Baumhaus. Das Wort »Schubhaft« hatte er noch nie gehört. Ihm hallte arabischer Gesang entgegen. Toti saß auf einem Ast hoch über dem Waldboden. Seine rauchige Stimme intonierte eine auf und ab oszillierende Melodie. Daniel kletterte nach oben: »Toti, Toti, mach nicht so einen Lärm!«

Toti hörte beleidigt auf zu singen. Daniel ließ ihn nicht zu

Wort kommen: »Die Fremdenpolizei ist da. Sie suchen dich und deinen Bruder. Mein Opa hat gerade angerufen. Wir müssen uns verstecken, sonst musst du in Schubhaft. Das ist kein Spaß.«

Toti schwang sich ins Baumhaus. Er flüsterte: »Sie werden uns nicht finden! Und wenn, dann wehren wir uns!« Daniel griff fest entschlossen nach seinem Messer.

Der Schäferhund wollte unbedingt dem Bach folgen. Schließlich wagte die Polizistin ihrem Zweifel Ausdruck zu verleihen. »Sollten wir nicht zurückkehren und eine professionelle Suche starten? Was hat das für einen Sinn, was wir hier tun?«

Der Kommandant warf ihr einen erstaunten Blick zu. »Du hältst unser Tun für unprofessionell?«

Er kontrollierte demonstrativ das Navigationsprogramm auf seinem Tablet. Er räusperte sich zufrieden: »Wir marschieren weiter.«

Max Weichselbaum tat die rechte Schulter weh. Der Rüde zog ihn gnadenlos durchs Gelände. »Kommen Sie! Kommen Sie! Sehen Sie sich um!«, hatte sein Vater gesagt. Dabei hatte er gelächelt. Max konnte dieses Lächeln nicht vergessen. Es lag etwas Maliziöses oder eine Hinterlist darin, wie er sie an seinem Vater noch nie gesehen hatte. Max wurde den Verdacht nicht los, dass sein Vater den Kommandanten herein, gelegt hatte. Die beiden Araber saßen am Hof. Vielleicht lagen sie in seinem ehemaligen Bett? Wahrscheinlich hielten sie sich den Bauch vor Lachen. Die Polizistin hatte recht: Wie sollte man in diesem Wald zwei Menschen finden? Er hatte den Hund am Freitag aus dem Tierheim geholt. Er konnte noch nicht einmal »Platz«. Er konnte gar nichts. Das Training zum Jagdhund würde Jahre in Anspruch nehmen. Trotzdem hatten sich sechs ausgebildete Polizeikräfte dem sprunghaften Verhalten des Tiers anvertraut. In dieser Situation lag etwas so Blödsinniges, dass Max Weichselbaum selbst das Weitergehen schwerfiel.

Er war davon überzeugt, dass sein Vater ihn hinterging. Max überschwemmte eine Woge des Zorns. Sein eigener Vater, der Großbauer Erwin Weichselbaum aus Pielitz, setzte sich für die Mohammedaner ein. Wer hätte das jemals für möglich gehalten? Bei allem Für und Wider in politischen Fragen war sich Max einer weltanschaulichen Angelegenheit gewiss: Für Mohammedaner war in Österreich kein Platz. Er hätte sich schwerlich eine andere Menschengruppe vorstellen können, die er so innig ablehnte wie die Islamisten. Ihm genügte die Vorstellung einer verhüllten Frau. In Kairo hatte er Millionen von ihnen gesehen. Diese Vorstellung allein versetzte ihn in den Zustand grimmiger Gewissheit: Die islamische Kultur war hochtrabende Primitivität, sonst nichts. Dass sein eigener Vater diese Kultur unterstützte, kam Max Weichselbaum wie blanker Hohn vor. Erwin Weichselbaum entstammte einem der ältesten Geschlechter des Tals. Die Weichselbaums ließen sich bis zum Frankenburger Würfelspiel zurückverfolgen. Niemand verkörperte den oberösterreichischen Bauern besser als Erwin. Von einer Sache war Max überzeugt: Verriet sein Vater diese stolze Herkunft, so einzig, um ihn zu demütigen. Er musste stehen bleiben, um den Gedanken auszuhalten. Was er schon immer gespürt hatte, zeigte sich so deutlich wie nie zuvor. Sein eigener Vater liebte ihn nicht. Der Hund jaulte auf. Er bellte wie verrückt, zog und zerrte. Max biss die Zähne zusammen. Verbissen ließ er sich weitertreiben.

Gegen elf Uhr hatten die Burschen so viele Steine gesammelt, dass sich ein großer Haufen gebildet hatte. Der Großteil der Speere schien ihnen bald unbrauchbar oder wie kindische Bastelei. Alle Augenblicke vergewisserten sie sich ihrer Messer. Toti zerrte einen großen, frisch belaubten Ast nach oben, um das Haus noch besser zu tarnen. Sie sprachen mit leiser Stimme. Ihrer gespannten Aufmerksamkeit entging nicht das kleinste Geräusch. Nach der Montage des Astes direkt vor dem Eingang hatten sie sich selbst eingeschlossen. Ihnen blieb nichts weiter übrig, als auf der Lauer zu liegen. »Hast du Angst?«, wollte Toti wissen.

»Ja!«, sagte Daniel. »Andererseits kann es doch nicht so schlimm werden. Was wir gemacht haben, deswegen kommt man nicht ins Gefängnis. Außerdem hat uns niemand gesehen. Sie haben keine Beweise!«

»Ich habe Angst um meinen Vater. Wenn ich zur Polizei oder ins Gefängnis muss, dann wird mein Vater sehr krank werden. Er ist wegen der Angst schon einmal fast gestorben.«

»Wir kommen sicher nicht ins Gefängnis. Ins Gefängnis kommt man, wenn man jemanden umbringt oder eine Bank ausraubt. Wir haben eine Hauswand angesprüht. Das ist doch nicht so schlimm.«

»Du kommst eh nicht ins Gefängnis. Aber ich! Ich bin Araber! Ich bin Moslem! Dein Land hasst mich! Die Leute denken, dass ich jeden Moment eine Bombe auf die Straße schmeiße oder irgendjemandem den Hals durchschneide. Das ist das Problem.«

Daniel wollte das nicht akzeptieren. Er rückte ganz nah an Toti heran: »Ich glaube nicht, dass du mit Bomben herumschmeißt. Mein Opa mag dich auch. Das schwöre ich dir!«

»Bei uns schwört man nicht!«, sagte Toti. Doch er sagte es

ganz leise. Er legte Daniel den Arm um die Schultern: »Ich liebe dich!«

Daniel konnte sich trotz der Aufregung das Lachen nicht verkneifen. »Und bei uns sagt man nicht ›Ich liebe dich!‹. Das klingt komisch, wenn du das zu mir sagst.«

Toti war so nervös, dass er darauf keine Rücksicht nahm: »Ich liebe dich! Ich liebe dich! Ich liebe dich! Ich schwöre!«, wiederholte er leise. Seine Hände schwitzten.

Sie spitzten die Ohren, pressten sich noch näher aneinander. Es bestand kein Zweifel. Vom Holzlager, aus nördlicher Richtung, drang Hundegebell herauf.

Zwischen dem Kommandanten und der weiblichen Kollegin kam es zum offenen Konflikt.

»Wir marschieren seit zwei Stunden, folgen den Hinweisen eines Zivilisten und seines fünf Monate alten Hundes. Um bei den Fakten zu bleiben.«

Der Kommandant erwiderte gereizt: »Wir marschieren auf Befehl des Bundesamts für Fremdenwesen und Terrorismusbekämpfung. Den Einsatz leite ich. Die Mithilfe der ortsansässigen Bevölkerung beim Aufspüren von Verdächtigen ist im Rahmen polizeilicher Ermittlungen ausdrücklich erwünscht. Wenn du schwach auf den Beinen bist, hast du bei der Polizei nichts verloren.«

»Ich habe kein Problem damit, zehn Stunden durch den Wald zu wandern. Wenn es sinnvoll ist. Aber das hier ist eine höchst sonderbare Husch-Pfusch-Aktion. Wir suchen zu sechst zwei Jugendliche auf tausenden Hektar Wald. Bei ungeklärter Beweislage.«

Der Kommandant ging nicht darauf ein: »Dein Verhalten wird Konsequenzen haben.«

»Das werden wir ja sehen.« Missmutig folgte die Polizistin dem Tross.

Max Weichselbaums Miene verfinsterte sich mit jeder Minute. Die Unbeholfenheit des Unterfangens schmerzte ihn. Die Unstimmigkeiten zwischen dem Einsatzleiter und der Polizistin blieben ihm nicht verborgen. Da riss sich der Hund los. Er geriet völlig außer sich. Er drehte sich im Kreis und johlte vor Aufregung. Alle fassten sich an die Waffe.

Toti stockte der Atem. Daniel verstand die Welt nicht mehr. Sie vermieden jede Bewegung. Zwischen den Fichten tauchten sechs schwarz gekleidete Polizisten auf. Sie hielten Langwaffen in den Händen. Ihre Brust war gepanzert. Ihre Köpfe waren mit schwarzen Helmen geschützt. Mitten unter ihnen sprang ein außer Rand und Band geratener Schäferhund hin und her. Daniel konnte es nicht glauben. Die Szene schien unwirklich oder wie in einem Film. Es dauerte nicht lange, und der Schäferhund hatte sich auf ihre Fichte festgelegt. Er stellte sich auf die Hinterbeine, als wollte er über die Holzklötze nach oben klettern. Die Krallen seiner Pfoten scharrten aufgeregt über die Rinde. Die Polizisten traten an den Stamm. Mit Toti stimmte etwas nicht. Daniel nahm aus dem Augenwinkel war, dass Toti sich veränderte. Er zitterte am ganzen Körper. Seine Oberschenkel zuckten. Auf seinem Gesicht glänzte der Schweiß. In den Mundwinkeln sammelte sich Spucke. Daniel rüttelte Toti möglichst geräuschlos an der Schulter. Doch Toti reagierte nicht. Sein Atem wurde immer lauter. Daniel bekam es mit der Angst zu tun: »Toti, Toti, was ist mit dir?«, flüsterte er. Von unten drang die Stimme des Kommandanten herauf: »Wir sind von der Polizei. Kommt herunter!«

Daniel antwortete nicht. Er fürchtete, Toti würde sterben. Er rüttelte ihn an der Schulter. Er zwickte ihn in die nassen Wangen. Er riss ihn an den Haaren. Toti reagierte nicht. Daniel packte ihn und schrie: »Toti, Toti, komm zu dir! Sag etwas! Was ist mit dir?«

Der Kommandant rief irgendetwas nach oben. Daniel konnte ihn nicht verstehen. Der rasende Hund übertönte alles. Endlich reagierte Toti. Er presste sich mit beiden Händen die Ohren zu.

Daniel begriff. Er sprang auf und schrie: »Geben Sie den Hund weg! Wir kommen nicht nach unten, wenn der Hund da ist.« Die Leine schleifte lose am Boden. Kein Polizist wagte das Tier anzufassen.

»Herr Weichselbaum, Herr Weichselbaum!«, rief der Kommandant. »Nehmen Sie bitte den Hund an die Leine!«

Ein Mann trat aus dem Fichtendickicht. Daniel traute seinen Augen nicht. Sein Onkel näherte sich dem Baumstamm. Daniel bekam eine solche Wut, dass er nach unten spuckte.

»Du Arschloch! Mein Vater wird dich umbringen!«

Max Weichselbaum wischte sich die Spucke aus dem Gesicht. Die Polizistin stellte ihn zur Rede: »Wer ist dieses Kind? Offenbar kein Araber!«

Auch der Kommandant wirkte irritiert. »Was ist hier los? Ich dachte, wir suchen ein islamistisches Brüderpaar.«

Max Weichselbaum knurrte: »Das ist mein Neffe. Er ist mit einem der Verdächtigen befreundet. Da, schauen Sie genau hin! Zwischen den Zweigen sitzt er ja!« Alle wandten ihren Kopf wieder auf das Baumhaus.

Totis Augen leuchteten durch das Laub. Max Weichselbaum nahm die Leine und zerrte den tobenden Hund vom Baumstamm weg. Sowie sich das Tier vom Baumhaus entfernte, kam ein bisschen Leben in Toti zurück. Das Zittern nahm ab. Er versuchte sich aufzusetzen.

Daniel sah, dass sich sein Freund erholte. In ihm wuchs ungestümer Mut. »Was wollt ihr? Wir kommen nicht nach unten. Wir haben nichts getan.«

»Ihr kommt jetzt nach unten, oder wir kommen hinauf! Schwere Sachbeschädigung ist kein Kinderstreich. Noch dazu bei einem Asylanten! Herunter mit euch!« Der Kommandant klopfte mit dem Gewehr gegen den Stamm.

Daniel schrie erbost: »Das stimmt überhaupt nicht! Wir haben nichts getan. Ihr könnt nicht einfach irgendetwas erfinden, nur weil ihr jemanden ins Gefängnis stecken wollt oder weil ihr Araber scheiße findet!«

Der Kommandant versuchte den Fichtenstamm hochzuklettern. Doch die schwere Ausrüstung und das massive Schuhwerk behinderten den Aufstieg. Außerdem begann Daniel mit Steinen nach ihm zu werfen. Der Kommandant drohte ihm. Aber in Daniel hatte das Unrechtsbewusstsein ein solches Ausmaß angenommen, dass er vor Zorn loderte. Die Ungerechtigkeit des Lebens empörte ihn. Er kannte kein Halten mehr. Er feuerte auf den Kopf des Kommandanten. Zum Glück trug der Kommandant einen Helm. Er versuchte weiter nach oben zu steigen. Daniel zielte auf seine Finger. Der Kommandant fluchte. Die Waffe, die er schützend vors Gesicht hielt, fiel zu Boden. Die restlichen Polizisten wichen zurück, um dem Steinhagel zu entgehen.

In diesem Moment stürmte der dumme Schäferhund erneut auf den Stamm zu. Er fletschte die Zähne. Sein Gekläff überschlug sich. Er sprang am Stamm empor. Max Weichselbaum war in einiger Entfernung in die Knie gegangen. Er hatte keine Kraft mehr im Arm.

Daniel sah erschrocken auf Toti. »Es kann nichts passieren. Hunde können nicht klettern!« Doch Totis gesamter Leib füllte sich erneut mit dem furchtbaren Zittern. Plötzlich knallte es. Der Kopf des Schäferhundes wurde gegen den Stamm geschleudert. Im Augenblick erstarb das Bellen. Das Tier sank in sich zusammen.

Der Kommandant sprang vom Baum. Er warf sich zu Boden, griff nach der Waffe und brüllte: »Wer hat geschossen?« Er blickte in die Runde. Seine Kollegen waren zu Boden gegangen. Sie hatten sich in Schussposition gebracht. »Ich wiederhole: Wer hat geschossen?« Niemand meldete sich. Allen stand der Schreck ins Gesicht geschrieben. Daniel hielt Toti fest umklammert. Der Schuss hatte beide zur Besinnung gebracht. Sie beobachteten, was sich am Boden abspielte. Eine Weile rührte sich nichts. Dann stand Erwin Weichselbaum unter dem Baumstamm. Woher er gekommen war, wusste niemand.

Erwin legte dem Kommandanten sein Gewehr zu Füßen. Er zog den Hut: »Ich habe geschossen. Es tut mir leid. Aber ich muss Sie bitten: Herr Kommandant – sehen Sie nicht, dass der Junge panische Angst vor Hunden hat? Er ist halbtot vor Angst. Geht man so mit Kindern um?«

Der Kommandant schüttelte verwirrt den Kopf. »Wo kommen Sie plötzlich her? Sind Sie verrückt? Sie können nicht auf meine Einsatztruppe schießen. Ich werde Sie festnehmen.«

»Bitte, nehmen Sie mich fest. Aber lassen Sie die Kinder in Frieden. Das ist mein einziger Enkel, er ist zwölf! Was fällt Ihnen eigentlich ein?«

»Ihr Enkelkind hat sich der Staatsgewalt widersetzt. Der Junge hat mich fast erschlagen. Aber es ist der andere, den wir suchen. Der Araber steht im dringenden Verdacht, ein Terrorist zu sein.«

Erwin blieb bei seiner ruhigen Art zu sprechen: »Der andere Bursche ist Toti, er lernt bei mir am Hof. Er ist kein Terrorist. Vielleicht übernimmt er meinen Betrieb. Jetzt sage ich Ihnen etwas: Mein Name ist Erwin Weichselbaum, meine Familie lebt seit vierhundert Jahren in diesem Tal. Wir haben dieses Land urbar gemacht. Wir haben Oberösterreich zu dem gemacht, was es heute ist. Eine der reichsten Regionen Europas. Mein Schwager ist Richter. Mein Bruder ist Abgeordneter zum oberösterreichischen Landtag. Sie werden die Stunde verfluchen, an der Sie sich zu diesem stümperhaften Einsatz entschieden haben.«

Der Kommandant blieb eine Weile stumm. Er schien nachzudenken. Bewusst oder unbewusst sah er nach der kritischen Kollegin. Sie lag immer noch mit gezückter Waffe am Boden. Schließlich meinte er knapp: »Wir ziehen ab. Der Einsatz ist beendet.«

Die Polizisten verschwanden. Daniel stieg vom Baum. Erwin nahm ihn in Empfang. Gemeinsam beugten sie sich über den Kadaver.

»Ist er wirklich tot?«, fragte Toti.

»Mausetot! Du kannst herunterkommen!«

Er kletterte ungelenk herab und fand nur langsam einen Stand. Seine Beine trugen ihn schlecht. Er griff sich mit der rechten Hand aufs Herz. Mit gesenktem Kopf flüsterte er Erwin seinen Dank zu. Erwin tätschelte ihm das Gesicht. Obwohl Daniel kleiner war als Toti, legte er ihm den Arm um die Schultern. Toti bemühte sich, seine Tränen zu verbergen.

Erwin blickte sich um. Wo die Fichten dicht beieinander standen, kniete sein ältester Sohn im Halbdunkel. Erwin ging auf ihn zu. Er legte ihm sacht zwei Finger auf die linke Schulter: »Du kümmerst dich um den Hund, nicht?«

Max Weichselbaum nickte.

Erwin ging mit Toti und Daniel nach Hause. Max Weichselbaum setzte sich auf den Waldboden, winkelte die Beine ab und starrte ins Leere. Schließlich fasste er das tote Tier, schleppte es durch den Wald und begrub es noch am selben Tag in der Wengerau.

10

Theresa betrat das Wohnzimmer. Erwin lag am Sofa neben dem Kamin. »Da bist du ja endlich!«

Theresa setzte sich zu ihm. »Da bin ich! Rosalie kommt auch gleich. Sie holt Daniel.«

»War viel Verkehr? Jetzt am Nachmittag hat es ordentlich geschüttet.«

Theresa schüttelte den Kopf. Es entstand eine Pause. Sie räusperte sich: »Wie geht es dir?«

Erwin seufzte. »Gut. Der Junge liegt oben. Daniel ist bei ihm. Er schläft heute Nacht hier. Sein Vater möchte nicht, dass er ins Quartier zurückgeht. Er hat immer noch Angst vor der Polizei. Ich habe dem Vater angeboten, dass er heraufkommt. Er wollte nicht. Theresa – was heute abgelaufen ist …« Erwin ließ den Blick aus dem Fenster schweifen. »Und alles wegen Max.«

Theresa entgegnete nichts. Sie saß auf der Kante des Sofas und legte die Hände in den Schoß.

Erwin richtete sich auf. »Morgen erneuern wir den Zaun. So kommt der Bursche auf andere Gedanken. Die Idioten sind mit geladenen Gewehren auf die Kinder losgegangen. Kannst du dir das vorstellen?«

Theresa betrachtete ihn still.

Erwin rieb sich die Augen. Er lächelte: »Aber Theresa: Wie geht es dir?«

Theresa versuchte das Lächeln zu erwidern. »Es geht schon.« Sie erhob sich. »Ich werde mich um die Wäsche kümmern.«

Rosalie begrüßte den Vater. Hastig half sie der Mutter mit der Wäsche. Dann schlich sie auf Zehenspitzen an das Bett, in dem Toti schlief. Daniel saß neben ihm und spielte mit dem Handy. Das trübe Licht des Bildschirms strahlte um seine Augen und hielt ihn gefangen. Er bemerkte sie nicht. Rosalie pirschte sich an und fiel ihm lautlos um den Hals. Im Auto erzählte ihr Daniel, was geschehen war.

»Fridolin sagt, dass du seit Mittwochabend nicht mehr zu Hause warst. Stimmt das?« Sie parkten in der Garage.

Daniel hatte ohne Unterlass gesprochen. Jetzt fiel ihm die Antwort schwer. »Ja!«, sagte er kurz und zögernd.

Rosalie suchte das Gesicht ihres Sohnes. Daniel traute sich nicht, sie anzusehen. Sie liebte ihn mehr denn je. Sie fühlte, dass er zu ihr hielt.

»Und dieser Toti? Seid ihr jetzt beste Freunde?«

»Toti ist der coolste Typ, den ich kenne. Ich werde Arabisch lernen. Opa findet ihn auch super. Er wird ihm helfen.«

Sie betraten das Haus. Fridolin lief ihnen entgegen. Er drückte sie beide an seine Brust.

Theresa trat ins Schlafzimmer. Sie trug ein langes Nachthemd. Erwin lag auf dem Rücken. Er hob kurz den Kopf. Seine Augen öffneten sich für eine Sekunde. Theresa setzte sich an ihre Seite des Bettes. Sie öffnete die Spange. Das graue, volle Haar fiel über den schlanken Hals. Sie schlüpfte unter die Decke. Im Zimmer war es kühl. Sie hatten es beide nie gemocht, wenn der Schlafraum stark geheizt war.

Erwin atmete laut. Nach einer Weile sagte er schwerfällig:

»Ich freue mich, dass du wieder da bist.« Ohne den Rumpf oder den Kopf zu wenden, tastete er nach Theresa. Seine Hand fand die ihre und umgriff sie schwach. »Schön, dass du wieder da bist«, sagte er noch einmal.

Sie spürte seine rauen Finger. Er löste den Griff. Dann blieb es still. Erwin schlief ein. Theresas Blick wanderte an der Decke entlang. Der Geruch des Zimmers schwemmte in ihr Bewusstsein. Unten schleuderten die Waschmaschinen.

Sie vernahm ein leises Wimmern. Sie versicherte sich der Realität des Eindrucks und erhob sich. Theresa ging auf den Gang hinaus. Die Nacht war hell. Der Vollmond stand unmittelbar bevor. Sie öffnete die Tür des Nebenzimmers. Das weiße Licht ließ Totis Körper blau erscheinen. Er hatte die Decke zu Boden gestoßen. Nur mit einer Unterhose bekleidet, lag er gekrümmt auf der Matratze. Ein leiser Singsang entwich seinen verkrampften Lippen. Seine Hände waren zu Fäusten geballt. Der Kopf zuckte ganz leicht auf und ab. Theresa legte ihm die Hand auf die heiße Stirn. Toti riss die Augen auf. Er starrte Theresa ins Gesicht. Sie lächelte ihn an. Toti rollte sich noch fester in sich zusammen. Vielleicht war er gar nicht richtig aufgewacht. Seine Atmung beruhigte sich. Theresa kehrte ins Schlafzimmer zurück.

Die ersten Tage verliefen erstaunlich reibungslos. Erwin fand Halt in den ewig gleichen Abläufen. Auch Theresa fügte sich blitzschnell in die seit ihrer Kindheit eingeübten Tätigkeiten. Die Kraft der landwirtschaftlichen Routine trieb beide voran. Sie stellte Erwin und Theresa an ihren Platz, ließ eins aus dem anderen folgen, und ehe man sichs versah, war ein Tag ohne Komplikationen zu Ende gegangen. Dennoch hatte sich manches verändert. Toti saß am Frühstücks- und am Mittagstisch. Anfangs begegneten sich alle etwas hölzern. Aber auch seine Anwesenheit wurde vom alltäglichen Lauf der Dinge weichgeschliffen. Erwin nahm Toti mit in den Stall. Sie gingen in den Obstgarten. In der Tischlerei strich Toti sämtliche Stempen. Bald saßen sie gemeinsam am Traktor und fuhren aufs Feld. Abends fütterten sie die Tiere. Die Beschäftigung ließ Toti aufblühen. Viel zu lange hatte er untätig die Stunden totgeschlagen. Er gehorchte Erwin in allen Dingen. Erwin wiederum schien im Umgang mit Toti wie ausgewechselt. Die Strenge war verschwunden. Die herbe Art, unter der seine Kinder gelitten hatten, kam nicht zum Vorschein. Erwin zeigte Nachsicht, Gelassenheit und sogar Humor. Totis schalkhaftes Wesen tat sein Übriges. Er lachte, ohne sich dafür zu schämen. Seine Achtung gegenüber allem, was ihn umgab, war ehrlich. Es war wohl dieser Respekt, den Erwin seit Jahren vermisst hatte. Endlich wurden der bäuerlichen Lebensweise wieder Freude und Wertschätzung entgegengebracht.

Theresa wurde durch Toti zweifellos entlastet. Erwin machte ernst damit, sie von der schweren Arbeit freizustellen. Zu Beginn musste sie umgekehrt sogar darauf beharren, mit aufs Feld fahren zu dürfen. Bald ließ sie es bleiben. Sie bemerkte, dass Erwin es nicht gern sah. Er fand für sie kaum noch Verwendung. So begann sie sich auf ihre eigenen Bereiche zu konzentrieren. Sie führte den Haushalt, pflegte den Garten und half im Stall. Aufgrund der zweiwöchigen Untätigkeit gab es Arbeit in Hülle und Fülle. Die eine oder andere freie Stunde ergab sich trotzdem. Theresa wurde dann unruhig. Sie wusste nicht, wie man mit Freizeit umging. Es wäre ihr nicht eingefallen, ein Buch zu lesen, fernzusehen oder Karten zu spielen. Manchmal ging sie spazieren. Mit Toti verstand sie sich gut, wenngleich ihr Kontakt von gegenseitiger Scheu geprägt war. Toti war ganz auf Erwin fixiert. Er ging Theresa respektvoll aus dem Weg. Nur wenn Daniel auf den Hof kam, ergaben sich Möglichkeiten der Annäherung. Daniel liebte seine Großmutter. Einmal pflückte er neben dem Teich eine Handvoll Narzissen. Er reichte sie Toti: »Bring sie der Oma! Sie wird sich freuen.«

Toti nahm die Blumen, lief in die Küche und pflanzte sich ungeschickt vor Theresa auf. »Bitteschön!«

Theresa nahm den Strauß sichtlich gerührt entgegen. Unbeholfen fasste sie Toti an die Wange, um ihm zu danken.

Doktor Peyerleitner meldete sich per Telefon. Erwin hob ab. »Der Bluttest ist längst ausgewertet. Letzte Woche habe ich niemanden erreicht!«

Erwin erkundigte sich nach den Ergebnissen. Der Doktor bat um Verständnis. Er wäre gesetzlich dazu verpflichtet, die Ergebnisse persönlich zu überbringen. »Aber du brauchst dir keine Sorgen zu machen. Alles ist in bester Ordnung!« Erwin holte Theresa an den Apparat. Selbst ging er unverzüglich in den Stall. Er wollte nicht mehr an die unangenehme Geschichte mit der Krankheit erinnert werden.

Doktor Peyerleitner begrüßte Theresa herzlich. Mit ihrem Blut wäre alles in Ordnung. Nicht einmal Eisenmangel. Laut Laborbefund wäre sie eine kerngesunde Frau.

»Da bin ich aber erleichtert«, antwortete Theresa, um etwas zu sagen.

»Und sonst? Hast du wieder Appetit? Wie ist es mit dem Schlaf? Geht es dir gut?«

Theresa versicherte, sich wohlzufühlen. Sie wäre eine Woche am Attersee gewesen. Der Urlaub hätte ihr gutgetan.

Doktor Peyerleitner nahm das zufrieden zur Kenntnis: »Das freut mich. Sollte dennoch etwas sein, dann komm vorbei! Wir können uns auch einfach unterhalten. Du weißt ja, wo du mich findest.«

Erwin wälzte sich im Bett hin und her. Theresa spürte, dass er endlich auf alles zu sprechen kommen wollte. Sie hatte es die ganze Zeit befürchtet. In all den Tagen waren sie sich rücksichtsvoll ausgewichen. Bei all ihren heimlichen Überlegungen hatte sie keine Antwort gefunden. Wie sollte sie ihm erklären, was vorgefallen war? Erwin wiederum haderte mit sich. Entweder man kam noch einmal auf das unangenehme Thema zurück, oder man kam nicht darauf zurück. Seinem Wesen entsprach Zweiteres. Dennoch konnte er sich nicht dazu durchringen. In manchen Momenten brannte er darauf, zu erfahren, was in Theresa vorgegangen war. Noch mehr interessierte ihn, ob die Gefahr nun vorbei wäre. Dann wiederum wollte er alles wegwischen oder vergessen oder vergessen machen. Jetzt schien die Konfrontation unausweichlich.

»Theresa.« Erwin lag am Rücken, ohne sie anzusehen. »Wir haben noch nicht darüber gesprochen. Möchtest du reden? Ich bin kein Dummkopf. Ich weiß schon, dass du keinen Magen-Darm-Virus hattest. Es ist dir in der Seele nicht gut gegangen. Möchtest du darüber sprechen?«

Theresa sah keine Möglichkeit, dieser Unterredung zu entkommen. Längst war sie selbst davon überzeugt. Dieses Gespräch war zu führen.

»Ich habe mir keinen Ausweg mehr gewusst. Ich bin mit vielem äußerst unzufrieden. Ich habe einfach nicht mehr gewusst, wie ich weitermachen soll.« Erwin wartete, ob sie noch etwas sagen würde.

»Aber mit was weitermachen? Willst du nicht mehr Bäuerin sein? Das ist kein Problem. Wir werden langsam in Pension gehen. Für den Moment hilft uns dieser Bursche. Mit Hilfe meines Bruders regle ich seine Papiere. Wir werden Felder verkaufen und alles verkleinern. Ich habe die Angelegenheit mit dem Kaiser Josef besprochen. Unsere Kinder interessieren sich nicht für die Landwirtschaft. So ist es. Ich akzeptiere das.«

»Es ist nicht nur das.« Theresa starrte in die Luft. »Ich möchte weg hier. Ich halte es in Pielitz nicht mehr aus.«

Erwin schien angestrengt nachzudenken. »Aber was soll denn das heißen? Wie kann ich das verstehen: Du möchtest weg? Wo möchtest du denn hin?«

Sie griff sich mit Daumen und Zeigefinger in die Augenwinkel. Ihre Hand verdeckte das Gesicht. Ihr Oberkörper bebte fast unmerklich. Sie bemühte sich um Fassung. Nach zwei oder drei Minuten hatte sie sich wieder im Griff.

»Ich möchte weg von diesem Hof, aus diesem Tal. Ich möchte weg von dir!« Erwin verharrte einen Moment völlig regungslos. Dann sagte er: »Meine liebe Theresa. Kann es nicht sein, dass du, wie soll ich sagen, psychisch krank bist? Ich habe mich informiert. Es gibt Depressionen und Burnout. Das sind häufige Krankheiten. Wir haben ein Leben lang gearbeitet. Das laugt einen aus. Doch diese Dinge lassen sich behandeln.«

Wieder entstand eine lange Pause. Theresa ergriff noch einmal das Wort. Ihre Stimme war jetzt leise und ganz fest: »Ich habe keine psychische Krankheit. Ich habe ein viel schlimmeres Problem. Ich liebe dich nicht. Wir haben uns nie geliebt. Damit kann ich mich nicht mehr abfinden.«

Rosalie hatte sich viele Dinge vorgenommen. Nichts davon wurde wahr. Kaum hatte sie das Haus betreten, übte Fridolin eine stille Macht über sie aus. Sie hielten sich fest umarmt. Daniel ließ sie beide nicht los und brachte mehr als deutlich zum Ausdruck, wonach er sich sehnte. Fridolins Augen blickten reuevoll. In all den Jahren war ihr das kaum begegnet. Es imponierte ihr. Im Bett stellte er sich seltsam an. Zunächst war er äußerst zärtlich. Rosalie atmete auf. Sie sehnte sich nach Sex und Leidenschaft. Aber den intimeren Praktiken verweigerte er sich. Rosalie wurde wütend. Sie verstand nicht, was das sollte. Fridolin warf ihr rätselhafte Blicke zu. An seiner Erregtheit bestand kein Zweifel. Dennoch zögerte er. Rosalie strafte ihn mit verächtlichen Blicken. Plötzlich lächelte er wie ein junger Bub. Er stürzte sich förmlich auf sie. Sie genossen sich und fanden echte Lust aneinander. Rosalie sank beglückt ins Kissen. Fridolin nahm sie zu sich, und kurze Zeit später schlief sie an seiner Schulter ein.

Sich angesteckt zu haben, diese Sorge konnte Fridolin nicht gänzlich verdrängen. Besann er sich, kam ihm diese Möglichkeit aber fremd und absurd vor. Aids war eine Krankheit der Stadt. Das Wort gehörte nach Wien oder Berlin oder Moskau. Mit Pielitz hatte es nichts zu tun. Er zweifelte nicht eine Sekunde, dass Sebastian Rainer, die vermaledeite Schwuchtel, ihn zum Narren halten wollte. Trotzdem ging er am Montag zum Arzt.

Noch bevor er sich setzte, herrschte er Doktor Peyerleitner an: »Was ich dir jetzt sage, das darfst du wirklich niemandem erzählen, verstanden?«

Doktor Peyerleitner lachte. Seit über zwanzig Jahren hielte er sich gewissenhaft an die ärztliche Schweigepflicht. Fridolin bezweifelte das im Grunde genommen überhaupt nicht. Er hatte Vertrauen zu Doktor Peyerleitner. Mit hochrotem Kopf erzählte er, was ihm zu schaffen machte. Der Doktor verzog keine Miene. Er lobte Fridolin für seinen Mut und nahm ihm Blut ab: »Nach so kurzer Zeit besteht noch Unsicherheit. Aber besser, wir checken die Lage gleich einmal ab. Vielleicht trägst du das Virus längst in dir? Vielleicht bist du es ja, der es an Doris weitergegeben hat?«

Fridolin wies das empört zurück. Insgeheim versuchte er aber längst zu eruieren, mit welchen und wie vielen Frauen er ungeschützt geschlafen hatte. Er schwor sich, die Sache zukünftig im Auge zu behalten. Nach einer Woche erhielt er ein negatives Ergebnis. Er befand sich am Weg zu einem Eferdinger Dachstuhl. Doktor Peyerleitner erreichte ihn am Diensthandy. Fridolin öffnete das Autofenster. Er spuckte an den Fahrbahnrand und stieß einen Schrei aus. Seine Brust füllte sich mit unbändigem Glück.

Am Abend unterbreitete er Rosalie einen altbekannten Vorschlag. »Daniel wird langsam ein Mann. Ich habe ihn belauscht. Er hat eine Freundin. Sie heißt Viola.«

Rosalie staunte: »Wann hast du ihn belauscht? Du sollst unser Kind nicht belauschen.«

»Er hat sich im Badezimmer eingeschlossen. Ich stand zufällig unter dem Fenster, weil ich den Zwetschkenbaum stutzen wollte.«

»Hat er mit ihr telefoniert?«

»Nein, mit diesem Toti. Dem hat er alles erzählt.«

Rosalie lächelte skeptisch. Fridolin umgriff sie von hinten. »Daniel wird uns auf kurz oder lang entwischen. Dann wird es still im Haus. Sollten wir nicht endlich noch ein Kind machen? Wir sind so jung!«

Rosalie wandte sich energisch um. »Eben noch wollte ich

dich verlassen. Wie oft sind wir an diesem Punkt gewesen? Du bist nett, und ich bin dumm. Bis zu deinem nächsten Egotrip.« Doch noch während sie sprach, knickte sie in Fridolins Umarmung ein. In ihrem Inneren fühlte sie Stolz. Sie dachte an Irene. Seit langem träumte sie von einer Tochter. Sie würde das klügste Wesen des Planeten werden.

So gingen die Wochen ins Land. Am 1. Mai streckte sich Erwin um halb sieben, sah sich um und ging ins Badezimmer. Er hatte unruhig geschlafen und geträumt. Er ging die Treppe hinab. Seine Hand umklammerte das Geländer. In der Küche war niemand zu sehen. Er rief nach Theresa. Nichts rührte sich. Er setzte sich an den Tisch, um zu frühstücken. In der Kanne war kein Kaffee. Kurz dachte er, sie wäre in die Kirche gegangen. Dann besann er sich. Am 1. Mai hatte die Kirche nichts zu feiern. Er fütterte die Tiere. Gegen zehn Uhr nahm die Verunsicherung zu. Zwar hatte sich alles irgendwie eingependelt. Erwin hatte seiner Frau zweimal gut zugeredet. In vierzig Jahren Ehe hatten sie nicht so intensive Gespräche geführt. Theresa hatte versprochen, zum Psychiater zu gehen. Erwin setzte darauf große Hoffnungen. Für die Sache mit dem vertrottelten Heiler hatte er sich entschuldigt. Aber ganz ließ sich die Unruhe nicht beseitigen. Eine heimliche Furcht vor Theresas Unberechenbarkeit war geblieben. Erwin stand in der Garage. Er rief bei Rosalie an. Vielleicht war sie spazieren gegangen? Doch der Tag war windig. Immer wieder zogen Regenwolken über den Himmel. Erwin geriet in Sorge. Zu Mittag wärmte er das Gulasch vom Vortag auf.

Nach dem Mittagessen wurde die Nervosität so stark, dass er sämtliche Bedenken überwand und Max anrief.

»Ist die Mama bei dir?«, fragte er ohne Einleitung.

Max verneinte. Erwin legte verdutzt den Hörer auf. Max rief ihn umgehend zurück. »Was ist denn los?«, wollte er wissen. »Wieso legst du einfach auf? Was ist denn mit der Mama?«

Erwin konnte nicht mehr normal sprechen. Die Worte fielen ihm einzeln aus dem Mund: »Sie ist nicht da. Ich weiß nicht, wo sie ist. Ich habe ein ganz schlechtes Gefühl.« Erneut ließ er den Hörer sinken.

Daraufhin rief er mich an. Ich entgegnete, ich hätte keine Ahnung. Bei mir wäre sie nicht.

»Aber vielleicht ist sie zu dir gefahren? Sie wollte seit längerem in die Stadt.« »Wenn sie zu mir gefahren wäre, wäre sie längst hier. Du hast sie seit sieben Uhr morgens nicht gesehen. Der Zug nach Wien braucht höchstens zwei Stunden. Jetzt ist es eins.«

Erwin verabschiedete sich, und alles an ihm zitterte.

Die nächsten Stunden verbrachte er damit, abwechselnd bei Rosalie, Max und mir anzurufen. Er telefonierte mit Josefa am Attersee. Er durchsuchte systematisch das ganze Haus. Dabei graute ihm davor, irgendetwas zu entdecken. Nirgends fand sich auch nur die kleinste Notiz. Ein verknitterter Einkaufszettel, der unter den Tisch gefallen war, ließ ihn panisch werden. Mit Kugelschreiber hatte Theresa ein paar Lebensmittel notiert. Die Handschrift wirkte auf Erwin wie eine transzendente, unheilvolle Botschaft. Er durchkämmte das Wohnzimmer, die Waschküche, das Badezimmer. Er ging ins Schlafzimmer. In ihrem Nachtkästchen fanden sich Bücher, eine Zeitschrift und Taschentücher. Auf der Spiegelkommode lag eine Spange. Erwin versuchte sich zu erinnern, welche Kleidung Theresa am Vortag getragen hatte. Er öffnete die Schränke. Alles lag in größter Ordnung in den Regalen. Der Duft frisch gewaschener Wäsche schlug ihm entgegen. Theresas Blusen hingen an der Stange. Ihr Anblick wirkte so vertraut, dass Erwin kurz aufatmete. Mit zittriger Hand griff er an den Hemden vorbei. Er führte den Arm ganz nach hinten an die Rückwand des Schranks. Er tastete das Fach von links nach rechts ab. Er rückte die Hemden zurecht, zog jedes einzeln aus dem Fach. Das Herz klopfte ihm bis in den Hals. Der Schlüssel für den Gewehrkasten fehlte. Erwin lief nach unten. Der Gewehrkasten hing im Gang neben der Treppe. Der Schlüssel steckte. Er öffnete den Kasten.

Erwin hörte, dass ein Wagen auf den Vorplatz rollte. Max sprang aus dem Auto und griff seinem Vater, der zu stürzen drohte, unter die Achseln. Erwin war vollkommen erbleicht. Max bat ihn, Platz zu nehmen. Sie setzten sich vors Haus. Erwin atmete schwer. Eine Panikattacke schüttelte seinen Körper. Max beruhigte ihn, so gut er konnte. Erwin beugte sich nach vor, um mehr Luft zu erwischen. Endlich sagte er: »Im Kasten fehlt ein Gewehr. Sie hat sich etwas angetan.«

Erwin ließ sich nicht beirren, sosehr Max sich auch bemühte, ihn zurückzuhalten. Das Warten wurde für Erwin schließlich unerträglicher als die allerschlimmste Gewissheit. Sie gingen in den Wald. Ohne fixe Route querten sie das umliegende Gelände. Sie passierten das Gatter. Der Boden war feucht, und hoch über ihnen wogte das nasse Blätterdach. Hinter der Lichtung folgten sie einem Pfad, den beide tausendmal gegangen waren. Sie waren zirka eine halbe Stunde unterwegs, da überfiel Erwin eine unheimliche Ahnung. Sie verließen den Weg und wandten sich die Böschung hinab. Aus dem abschüssigen Boden trieb eine Quelle. Das Wasser verschlammte den gesamten Abhang. Unten vereinigten sich die Rinnsale zu einem dunklen Tümpel. Neben dem Tümpel standen große, bemooste Granitblöcke. Hier lud ein Bänkchen zum Verweilen ein. Ein Waldweg von St. Marien nach Bad Hiemsbach führte an dieser Stelle vorbei. Theresas Leichnam lag neben dem Bänkchen auf dem Boden. Sie hatte sich direkt ins Herz geschossen.

II

Bis zum Begräbnis schien unser Vater erstaunlich gefasst. Kaum war der Leichnam eingesegnet, verließen ihn die Kräfte. Jetzt lag er den ganzen Tag neben dem Kamin. Er aß nicht und sah verstört in die Luft. Er weinte stundenlang, wobei ihm die Tränen lautlos über die Wangen liefen. Einmal erhob er sich, um mit beiden Fäusten den Gewehrkasten von der Wand zu schlagen. Er schrie und schnitt sich an dem zersplitternden Glas die Finger auf. Max nahm sofort die vier Gewehre und lud sie in den Kofferraum. Wir organisierten uns um unseren Vater herum. Dabei kam es zu keiner spektakulären Vereinigung oder Aussöhnung. Doch zum ersten Mal dominierte ein friedfertiger und vernünftiger Umgang. Es genügte, dass wir uns gemeinsam um die praktischen Dinge kümmerten. Jemand musste in den Stall gehen. Jemand musste die polizeilichen Angelegenheiten regeln. Jemand musste kochen. Und zaghaft entwickelten wir aus diesen praktischen Überlegungen heraus Ideen, wie das Leben überhaupt weitergehen konnte. Natürlich wurden aus Fridolin und Max keine Freunde. Daniel machte schon gar keinen Hehl mehr aus seiner Abneigung gegenüber dem Onkel. Sie grüßten sich nicht. Doch die Trauer legte einen zivilen Sicherheitsmantel über diese Differenzen. Sie wurden unter Verschluss gehalten. Womit nicht gesagt werden soll, dass sie verschwiegen oder verdrängt worden wären. Jeder sah sie.

Sie waren das Gegenteil von einem Geheimnis. Man versagte ihnen lediglich einen kraftvollen Ausdruck oder Auftritt. Das ist zumindest etwas.

Eine große Hilfe stellte Pater Heinrich dar. Er kam jeden Abend. Schon während der bürokratischen Papierarbeit rund um Totis Asylbescheid war ihm Erwin Weichselbaum ans Herz gewachsen. Er sah die außergewöhnliche Beziehung oder Freundschaft zwischen dem sechzehnjährigen Syrer und dem alten Bauern. Es erschütterte ihn, dass Erwin nun einen solchen Schicksalsschlag hinnehmen musste. Erwin hatte durch seine Parteinahme für die Familie Azmeh das Asylverfahren beschleunigt. Der positive Ausgang dieses Verfahrens hatte mit Erwin Weichselbaums Engagement zu tun. Pater Heinrich sah in ihm ein Paradebeispiel für die zutiefst praktische und zugleich humanistische Gesinnung der Landbevölkerung. Es war schwer oder überhaupt nicht zu verkraften, dass der Selbstmord seiner Frau darauf folgen musste. Pater Heinrich stellte mit Verwunderung fest, dass schon der Sohn eines guten Menschen völlig anders gestrickt sein konnte. Dafür musste es Gründe geben. Sie lagen irgendwo auf diesem Hof, in diesem Dorf, in dieser Welt. Sie waren ihm nicht bekannt. Die Begegnungen zwischen Max und Pater Heinrich verliefen nicht ganz reibungsfrei. Allerdings kam es auch hier nie zu Ausfälligkeiten. Betrat Pater Heinrich den Hof, ging Max in den Stall. Ich fand in Pater Heinrich einen geschätzten Gesprächspartner.

Die Schule hatte mich freigestellt. Ich schlief in meinem ehemaligen Zimmer. Ich versuchte mehrmals mit unserem Vater über Theresa zu sprechen. Es erwies sich als unmöglich. Zunächst, weil er darüber kein Wort verlieren wollte. Er schüttelte den Kopf und presste die Lippen noch fester zusammen. Überwand man die Scheu und setzte ihm etwas zu, wiederholte er immer dasselbe: Man hätte einen Psychiater aufsuchen müssen. Sie hätte an einer psychischen Krankheit gelitten. Die Depression wäre eine Krankheit wie die Lungenentzündung. Es käme darauf an, sie zu erkennen und zu behandeln. Theresa hätte sich standhaft dagegen gewehrt, ins Wagner-Jauregg-Krankenhaus zu gehen. Dass sie das verabsäumt hätten, würde er sich nie verzeihen. Hatte Erwin diesen Punkt erreicht, brachen die Tränen aus ihm hervor und er sah sich außerstande weiterzusprechen.

Eine Woche nach dem Begräbnis, an einem Dienstag, erkundigte er sich nach Toti. Das Wetter war frühsommerlich warm. An den Feldrainen gedieh roter Klatschmohn. Erwin richtete sich auf und beschloss, ihn anzurufen. Rosalies Einwände schob er beiseite. Vom Herumliegen würde alles schlimmer. Er brauchte Luft, Sonne und den Geruch von Erde.

Eine Stunde später stand Toti am Hof. Er blickte scheu in die Runde. Max war in Ägypten auf Dienstreise. Von ihm hatte er nichts zu befürchten. Nach so vielen Erwähnungen sah ich ihn zum ersten Mal in natura. Er war von blühender Schönheit, dunkel und überaus demütig. Er grüßte uns mit gesenktem Haupt. Erwin freute sich, ihn zu sehen. Zum ersten Mal lächelte er. Er klopfte Toti auf die Schulter: »Komm! Schauen wir, was die Gerste macht!«

Ich weiß nicht, wie Toti es anstellte. Es stellte sich heraus, dass unser Vater sein Innerstes durchaus mitteilen konnte. Irgendwo zwischen den Weizenfeldern, beim Füttern der Ferkel oder an der Kreissäge sprach er von seinen Gefühlen.

Er legte sie einem sechzehnjährigen Moslem dar, zu dem er eindeutig mehr Vertrauen hegte als zu uns.

Im Dorf wurde von früh bis spät geredet. Im Supermarkt bildeten sich kleine Grüppchen. Dass Theresa Weichselbaum sich im sechzigsten Lebensjahr erschossen hatte, während ihr Gatte mit einem Araber aufs Feld hinausgefahren war – diese Koinzidenz schrie danach, interpretiert zu werden. Wer eine freie Minute hatte, nutzte sie, um sich darüber das Maul zu zerreißen. Ich fuhr nach Kreuzenstein, um einzukaufen. Die Blicke im Pielitzer Supermarkt waren unerträglich. Rosalie erzählte, wie taktvoll ihr Adolf Bernböck an der Tankstelle sein Beileid ausgedrückt hatte: »Es tut mir so leid um die Resi. Zum Glück hat der Erwin gleich einen Knecht gefunden.«

Ich konnte es kaum erwarten, nach Wien zurückzukehren. Natürlich glaube ich nicht an das Gerede von der psychischen Krankheit. Rosalie ebenso wenig. Wir hatten unsere Mutter am Attersee erlebt. Das Wort »krank« bringt überhaupt nicht zum Ausdruck, woran sie litt. Für mich steht fest, dass es keinen Sinn ergibt, dem Leiden unserer Mutter eine medizinische Gestalt zu geben. In gewisser Weise bedeutete dies, sie abermals nicht ernst zu nehmen. Theresa hatte keine nervösen Störungen. Sie war immer bei klarem Verstand. Ihr fehlte etwas ganz anderes.

Damals hatte ich nicht lange nachgedacht. Nach Rosalies Anruf stieg ich sofort ins Auto. Gegen sieben Uhr erreichte ich das Haus am Attersee. Josefa, ihr Mann, Rosalie, Irene und Theresa saßen beim Abendessen. Die Stimmung war herzlich. Josefas Mann stellte mir ein Bier auf den Tisch. Ich hatte

Tante Josefa und ihre Familie seit Ewigkeiten nicht gesehen. Theresa ging früh schlafen. Wir blieben bis Mitternacht am Tisch. Josefa erzählte von früher, als unsere Mutter noch ein Kind oder ein Teenager war. Zum ersten Mal seit Jahren sprachen Rosalie und ich völlig ungehemmt miteinander. Der Alkohol kam uns zu Hilfe. Wir hatten uns immer gemocht. Doch mit der Entfernung war eine gewisse Entfremdung eingetreten. Rosalie konnte Wien nicht leiden. In all den Jahren hatte sie mich vielleicht zwei- oder dreimal besucht. Jetzt hörte ich all ihr Liebesleid, und ich verstand besser denn je, dass wir Geschwister waren. Ich berichtete von meinem trostlosen Leben. Zum ersten Mal traute ich mich, vor meiner Familie über all das Scheitern, die Scham und die Verzweiflung zu sprechen. Dennoch war es ein heiterer, fast ausgelassener Abend.

Am nächsten Tag ging ich mit unserer Mutter spazieren. Über ihre sogenannte Krankheit wollte sie nicht sprechen. Das schien mir verständlich. Sie wirkte viel frischer als eine Woche zuvor am Hof, wo ich sie in ihrem Leiden einfach liegen gelassen hatte. Je öfter sie danach gefragt wurde, desto deutlicher wurde, wie sehr sie die Frage nervte. »Mir geht es gut!«, sagte sie streng. Ich versuchte nicht weiter in sie zu dringen. Wir wanderten den Hang hinauf. Das »Outing« vom Vortag hatte mir Mut gemacht. Wir staunten über die herrliche Aussicht. Aus der Höhe zeigte sich die blaue Wasseroberfläche des Sees in ihrer beeindruckenden Weite. Ich wollte das Schweigen meiner Mutter durch mein eigenes Sprechen kompensieren. Ich erzählte ihr alles. Wie es mir ging als schwules Kind oder »Schwuchtel« in Pielitz. Wie perfekt ich lernte, alles zu verbergen. Wie schwierig es dadurch wurde, mein Begehren später hervorzukramen, es anzuerkennen, geschweige denn auszuleben. Theresa hörte sich alles an. Dabei sprach sie nicht viel. Am Rückweg hielten wir uns am Seeufer. Die Kirchenglocken von Unterach hallten zu uns herüber, und die Sonnenstrahlen brachen sich im leichten Wellengang. Wir lehnten uns gegen das Geländer. Theresa bewunderte die malerische Landschaft. Die Frühlingssonne fiel auf ihre weiße Jacke und das braune, faltige Gesicht. Ihr graues Haar hatte nichts an Fülle verloren. Sie atmete tief durch und lächelte mich an. Mit ihren warmen Händen fasste sie nach den meinen. Eine Weile blieben wir so stehen, dann gingen wir weiter.

Wird der Schmerz unerträglich, denke ich jetzt oft an diesen Moment: das Lächeln meiner traurigen Mutter, ihre warme Hand auf meiner Haut und die Sonne in ihrem wunderschönen Gesicht.